科技金融

理论与实证分析

王海芸 张明喜 刘 杨◎著

Finance of Science and Technology

Theoretical and Empirical Analysis

科学出版社

北 京

内 容 简 介

本书紧密结合科技创新和科技金融发展的新形势，从理论层面构建了科技金融发展的理论体系和政策分析框架，分析了我国科技金融的相关代表性政策以及这些政策的演变规律，同时对基于互联网、云计算、大数据、区块链、5G等新兴技术发展而涌现出的科技金融新业态和新模式进行了分析；从实证研究层面，采取定量和定性相结合的方法，分析了全国各省（自治区、直辖市）在科技创新与科技金融之间的关联、科技金融的发展水平、科技金融的发展效率等。此外，本书还总结了国外发达国家和地区科技金融发展状况及对我国的启示，并提出了我国未来科技金融发展的相关建议。

本书可供高校院所的研究人员和关心科技金融发展的广大读者参考阅读。

图书在版编目（CIP）数据

科技金融：理论与实证分析/王海芸，张明喜，刘杨著. —北京：科学出版社，2021.8

ISBN 978-7-03-069643-4

Ⅰ. ①科… Ⅱ. ①王… ②张… ③刘… Ⅲ. ①科学技术-金融-研究-中国 Ⅳ. ①F832

中国版本图书馆 CIP 数据核字（2021）第 175088 号

责任编辑：牛 玲 姚培培 / 责任校对：贾伟娟

责任印制：李 彤 / 封面设计：有道文化

科学出版社 出版

北京东黄城根北街 16 号

邮政编码：100717

http://www.sciencep.com

北京建宏印刷有限公司 印刷

科学出版社发行 各地新华书店经销

*

2021年8月第 一 版 开本：720×1000 1/16

2022年2月第二次印刷 印张：12 1/4

字数：200 000

定价：86.00 元

（如有印装质量问题，我社负责调换）

前　　言

科技金融这个概念从20世纪80年代末开始提出，经历了被误解、质疑到逐渐形成共识的过程。过去我们理解科技金融是科技与金融两个领域之间的结合，现在看科技金融更体现二者之间越来越融合和统一的态势，这意味着科技金融作为独立的概念，并且作为一种政策工具，逐渐融入中国创新政策决策中来。

党的十九大报告提出，“着力加快建设实体经济、科技创新、现代金融、人力资源协同发展的产业体系”①。这意味着要建设创新引领、协同发展的产业体系，实现实体经济、科技创新、现代金融、人力资源协同发展，使科技创新在实体经济发展中的贡献份额不断提高、现代金融服务实体经济的能力不断增强、人力资源支撑实体经济发展的作用不断优化。与此同时，中国进入了关键的转型期和机遇期，要实现发展动力与关键安全问题的双突破。开放是大趋势，新的经济和市场体系正在悄然形成，我们必须有所准备。现代技术要尽快植入金融体系，打破体制机制障碍，形成国际竞争力。在这场竞争中，科技决定了竞争力水平，金融将发挥重要的作用。

科技金融是一个宏大而又复杂的研究课题。从功能角度而言，科技金融重在发现创新价值、集聚各类要素和放大资本效能。当前科技创新对良好的金融支持的依赖逐渐加深，金融发展也越来越依靠科技创新来拓展空间。科技金融的加快发展有力地促进了科技创新及其产业化，逐步成为实施创新驱动发展战略的“加油站”。近年来，我国科技金融在工作机制、资源配置、制度设计、支撑服务、生态完善等方面，已经涌现了许多经验与创新做法。在缓解民营企业与科技型中小企业融资难、促进技术进步与产业升级、推动

① 习近平：决胜全面建成小康社会 夺取新时代中国特色社会主义伟大胜利——在中国共产党第十九次全国代表大会上的报告. http://www.gov.cn/zhuanti/2017-10/27/content_5234876.htm[2021-04-30].

经济社会发展等方面发挥了重要的引领支撑作用。但与此同时，政府对科技金融的投入相对有限，某些体制机制障碍使得民间资本不能顺畅地进入科技创新领域，导致科技金融支撑能力无法充分满足创新发展需要，限制了示范带动效应的进一步扩大。就目前形势来看，科技金融仍面临许多亟待解决的问题。

本书涉及科技金融理论与实践、科技金融新业态与新模式、科技金融与科技创新耦合、区域科技金融发展水平测度与分类策略研究、科技金融发展的政策分析、科技金融发展的国际经验、金融科技发展分析、未来科技金融发展的方向与重点等诸多方面。我们所做的研究力求深入且有理论价值，并与我国经济社会发展的实际紧密结合，旨在对科技金融的发展发挥一定的指导作用。本书由王海芸负责总体设计和统稿，张明喜协助完成，具体写作分工是：第一章，张明喜；第二章，王海芸、刘杨；第三章，王海芸、刘杨；第四章，王海芸、刘杨；第五章，王海芸、刘杨；第六章，张明喜；第七章，张明喜；第八章，陈智国、王海芸；第九章，张明喜。

由于时间、能力、资料收集等方面的限制，本书还存在一些有待深入研究之处，尤其是在研究的前沿性、问题的新颖性、数据的全面性、案例的代表性等方面还有待提升，希冀各界智者给予启迪和指导，这也是研究团队下一步继续努力的方向。

展望“十四五”时期，如何大力推进理论创新，构建新时代中国特色科技金融话语体系，从而引领世界发展的未来，是摆在研究者面前的重要任务。谨以此书致敬那些为科技金融事业做出贡献的先行者，研究团队愿以百倍信心，持之以恒，迎接挑战。

王海芸　张明喜

2021 年 4 月 30 日

目 录

第一章　科技金融的相关研究理论

第一节　科技金融相关文献综述

科技创新绝不仅仅是实验室里的研究，必须将创新成果转化为推动经济社会发展的现实动力，在市场中实现创新价值（万钢，2014）。这就要求更加扎实地推进科技和金融紧密结合。自 2006 年《国家中长期科学和技术发展规划纲要（2006—2020 年）》正式发布以来，科技金融实现了从“配角”到“主角”的转变（房汉廷，2010）。

一、科技与金融结合的（理论）构建

Schumpeter（1934）提出，创新需要资金支持（内部或外部），金融是资本主义经济的中心，同时论证了货币、信贷和利率等变量对经济创新与发展的重要作用。McKinnon（1973）和 Shaw（1973）提出，适当改革可促进金融深化，从而与经济发展形成良性循环。Beck 等表明，金融深化对技术创新和经济增长具有显著的正向作用（Boot and Thakor，1995）。Perez（2002）提出技术-经济范式理论，强调科技和金融的结合就是新经济模式的动力所在。Lee 和 Park（2006）认为，建设国家创新体系过程中必须拥有完备的金融体系。Peneder（2008）从知识所具有的非竞争性和非排他性角度出发，得出加大金融创新力度能够更有效地支持科技创新的结论。获得风险导向的资本是创新生态系统重要的基石（Lerner et al.，2012）。政府需要在科技金融中发挥重要作用，给予直接或者间接支持（Colombo et al.，2016）。Wonglimpiyarat（2013）从比较视角，选择部分典型国家，研究了创新融资政策。Mazzucato（2016）认为，应该重新构建公共部门与私人部门共生的创新系统，并提出了新的融资分析框架。

创新是经济发展的源泉。如何为创新提供动力，熊彼特对这个问题提供的解决方案是以金融系统为中心（约瑟夫·熊彼特，1990）。具体而言，他认为创新是通过信誉的建立来获得资助的。企业家所需要的从循环流中调离资源以进行新组合的购买力是从无到有产生的。信誉的建立不需要现有积累的资金和货物的支持。第一种方法——米勒-莫迪利安尼定理（Miller-Modigliani Proposition）指出，资金来源（来自任何行为者的股权或债务融资）对企业无关紧要，因此不影响实体经济（Modigliani and Miller，1958），这进一步分散了人们对区分创新中融资类型的注意力。在随后的文献中，被挑选出来的行为者类型仅是“政府”和“风险资本家”（Hall，2002）。前者的工作是克服由知识的正外部性导致的研究投资不足（Arrow，1962）；后者的目的是克服导致新公司或企业对产品开发进行投资的信息不对称（Hall and Lerner，2010）。在这一文献中，在融资方面，金融扮演着被动的角色。基于技术-经济范式的一种方法直接建立在熊彼特关于商业周期的研究之上（Freeman and Louçã，2002）。第二种方法——国家创新系统框架已经形成用于解释经济发展的比较-历史模式（Nelson，1993）。

这两种方法都遵循了熊彼特经济学说的主张，在分析经济发展时强调结构组成和经济演化方面。可是，这两种方法对资源配置的分析存在差异。在有关国家创新系统的学术著作中，很少讨论劳动力和资本被配置到创新过程的途径，即使其重要性已经被认可。相反，关于技术-经济范式的著作已经长期研究了创新活动和劳动力配置之间的交互作用（Nelson and Winter，1977）。金融和技术-经济范式之间的关系也已得到了系统的研究（Perez，2002）。

国外学者的工作更加强调不同类型的金融行为者以及它们如何影响所资助的公司和技术。公共部门除在空间、卫生和低碳技术等领域的研发阶段（Mazzucato，2013）提供资金外，还会对以任务为导向的项目提供支持。在一些国家，资金是通过创新机构提供的，如美国国防高级研究计划局（Defense Advanced Research Projects Agency，DARPA），或通过其他为企业融资的工具提供支持，如美国的小企业投资公司计划。在巴西、中国、德国、日本和欧盟等国家和组织，重要的金融行为体是公共银行。公共银行与其他公共机构网络合作，为旨在应对“重大挑战”（减缓和适应气候变化等）的项目提供融资，以促进某些行业的发展。在私营部门，某些行为者也在推动特定部门或技术的发展；事实上，像美国纽约化学银行（Chemical Banking）这样的银行之所以得名，是因为它在化学行业融资方面发挥了重要作用（Mazzucato and Wray，2015）。但是，获得资金的因素可能同样受到某些行为者忽视因素的影响：人们注意到，风险资本往往不会选择种子投资，只是偏向于信息技术（IT）和生物技术等特定领域，直到2010年左右才对绿色技术产生兴趣（Lerner et al.，2012）。一些学者研究了短期投机金融行为体如何影响以科学为基础的产业（Lazonick and Tulum，2011）。还有学者研究了不同类型资金之间的相互作用如何影响部门发展。例如，Owen和Hopkins（2016）研究了风险资本与股票市场之间的相互作用对美国和英国生物技术产业的不同影响。有关创新方向的文献很少关注金融在确定创新方向方面的作用。

我国学者关于金融支持科技创新的体系构建已经给出了较为完整的研究。首先，围绕支持科技创新的金融体系给出了概括性探讨，主要涉及发挥信贷市场、资本市场以及保险市场等方面的作用。对“科技金融”所蕴含的巨大价值，中央决策层早已形成共识，并较早开始实践。例如，1985年《中共中央关于科学技术体制改革的决定》就提出，要设立创业投资、开办科技贷款，以有效提升金融与科技创新活动的关联性，切实推动金融支持科技创新活动。王元（2007）的研究认为，科技创新和金融发展之间具有很强的耦合关系，因此要积极建立多层次和多元化的金融市场体系，运用各种资金组合方式，促进政策性金融、商业信贷、风险投资和各类基金组织等不同投资主体与科技创新主体的融合，为科技创新提供更多的、可供选择的投融资方式。但由于科技与金融结合试点工作未正式地、大规模推开，在科技与金融结合的内涵和外延方面，理论界一直未做系统、深入的阐释（薛澜和俞乔，2010）。

随着建设创新型国家战略的提出和落实以及中央领导的关注，科学技术部（简称科技部）与中国人民银行、中国银行业监督管理委员会、中国证券监督管理委员会（简称证监会）和中国保险监督管理委员会（简称保监会）等共同研究启动科技与金融结合试点前后，相关的综合性理论阐释方才有了实质性的进展。对科技与金融结合的内涵富有代表性的理解中，赵昌文等

（2009）认为，科技金融是促进科技开发、成果转化和高新技术产业发展的一系列金融工具、金融制度、金融政策与金融服务的系统性、创新性安排，是由向科学与技术创新活动提供融资资源的政府、企业、市场、社会中介机构等各种主体及其在科技创新融资过程中的行为活动共同组成的一个体系，是国家科技创新体系和金融体系的重要组成部分。房汉廷（2010）则在总结已有理论研究及科技金融试点经验的基础上，将科技创新活动与金融创新活动的深度融合界定为科技金融，并认为科技金融工作首先是科技工作的重要组成部分，而其落脚点则是由科技创新活动引发的一系列金融创新行为。郭戎（2011）认为，金融系统对知识型无形资产配置效率很可能是科技金融的一个主要命题，在支持科技创新的金融体系设计与评价过程中必须充分考虑其对无形资产投资及积累的作用和绩效。房汉廷（2015a）对此进行了进一步论述：科技金融是创新经济学的一个重要分支，它是以培育高附加值产业、创造高薪就业岗位、提升经济整体竞争力为目标，促进技术资本、创新资本与企业家资本等创新要素深度融合、深度聚集的一种新经济范式。

其次，在上述概括性研究的基础上，部分学者对如何更为有效地发挥金融工具或市场支持科技创新的作用问题展开了积极研究。代表性的成果如下。郭戎（2009）强调了创业风险投资在推动科技创新发展中的作用，认为创业投资不仅是一种科技创新的融资工具，同时更是作为科技创新的重要协调、组织机制而存在；研究同时表明，技术创新模式的转变与我国创业投资发展间存在良性互动关系。付剑峰等（2009）、闻岳春和黄福宁（2010）分别对利用信用违约互换产品和开发结构性产品以有效破解科技创新融资难问题予以了论证。付剑峰和郭戎（2011）特别强调了创业板市场在促进科技型中小企业自主创新中的作用。邵学清（2009）对科技保险试点工作的经验和不足进行了总结，并提出了进一步改进的设想。

最后，部分学者在保障金融有效支持科技创新发展方面进行了配套机制构建研究。研究结论主要集中在三个方面。第一方面，认为相关机制必须要进一步的优化，以为金融服务科技创新提供便利。例如周昌发（2011）认为，金融在支持科技创新过程中，必须加强制度建设以保障科技金融发展，至少有四点需求：一是要弥补市场机制的不足，二是要促进资源与要素的有效整合（综合服务平台需要），三是要推动科技企业发展，四是要推动经济跨越发展。我国当前科技金融制度存在系统性缺乏、层级较低、担保机制不完善、信息共享机制缺失、金融创新机制不足等缺陷，因此，需要大力推进相关制度的创新。黄国平和孔欣欣（2009）的研究也论证了完善制度建设的必要性，认为国内金融发展的现状与科技创新内在属性之间存在较为突出的结构性不协调等问题，因此利用财政手段建立促进科技创新的金融支持体系、完善政策性制度安排非常必要。第二方面，认为应加强对金融服务科技创新的监管，以有效防范风险，如崔瑛和齐兰（2010）的研究。第三方面，认为应深化对具体支撑机制的研究，如黄福宁（2009）构建了科技创新企业融资风险的评价指标体系及模型等。

二、科技金融结合的效率与实践评价

科技创新与金融创新的结合具有必要性，但不同的金融体系在推动科技创新方面存在显著差异（徐玉莲，2012）。关于金融组织创新，Lerner（1998）给出了具有代表性的研究，他在对 1958～1969 年美国 SBIC 计划的投资阶段和效果进行评估的基础上，提出应该加大对个人投资和天使投资机构的宣传，优化天使投资网络，从而满足更多需要融资的小公司的需求；金融产品创新方面，侧重解决信息不对称，并对金融产品的风险分散和高杠杆特性给予综合运用。Charupat 和 Prisman（2004）对分期收款或分期收款权证（instalment receipts，IRs）给出专门研究，认为在投资者意识到科技创新活动存在信息不对称进而诱发创新主体债券购买约束时，IRs 所具有的杠杆效应可以显著增加投资者的购买意愿，而 IRs 发行过程中所存在的溢价，不仅确保了发行的成功，还可以让科技创新主体从需求增加和价格退让中获得双重好处（Charupat and Prisman，2004）。Black 和 Gilson（1998）认为，美国证券市场通过有效的竞价机制及与之关联的经理人市场等，有效发挥了市场在资源配置方面的优势，而日本和德国银行业则在公司治理中发挥了核心作用，但由于存在严重的代理问题，不利于公司创新能力的提升。Benfratello 等（2008）通过对意大利企业数据分析发现，地方银行的发展显著影响企业的技术创新，特别有益于小企业以及依靠外源性融资的企业。

科技与金融结合效率研究主要集中在两个维度。第一个维度是以地方科技金融结合实践进行的以定性为主、统计分析为辅的分析，如李兴伟（2011）针对中关村科技与金融结合试点过程中的效果所做的研究等。第二个维度则是通过构建科技与金融结合效率的评价指标或模型展开的以实证为核心的研究。王海和叶元煦（2003）通过构建科技金融结合效益评价指标体系，并设定不同指标的权重，构建了一个科技金融结合效益的评价模型。曹颢等（2011）构建了科技金融资源指数、科技金融经费指数、科技金融产出指数和科技金融贷款指数等四组指数，并利用2001～2008年的相关数据做了实证研究。结果显示，我国科技金融资源投入有不断增加的趋势，但科技金融产出指数却呈明显下降趋势，特别是科技金融贷款方面，改观基本不明显。

此外，一些研究对我国科技创新与金融创新结合的现状做了探讨，大多认为，目前金融支持科技创新的力度还不够。例如张俊芳和郭戎（2010）指出，当前科技贷款机制创新力度不够大，支持科技金融的税收政策也存在空白地带，创业风险投资发展还面临管理和考核上的制度瓶颈（无自律组织、缺乏考核激励和监管约束机制等）；房汉廷（2010）的研究也持类似观点。

还有一些研究对我国科技创新与金融创新结合的现状做了探讨，总体评价是金融支持科技创新的力度仍有待加强（姜凌和梁青，2012）。具体而言，体制机制有待进一步完善，当前科技贷款机制创新力度不够大，支持科技金融的税收政策也存在空白地带，创业风险投资发展还面临管理和考核上的制度瓶颈，特别是对创新初期的企业支持严重不足（王宇伟和范从来，2012），科技金融服务平台和科技企业信用体系都有待进一步完善（张明喜，2014）。

三、科技金融生态研究

Arena等（2018）指出，生态侧重于以可持续的方式满足社会需要。Grilli等（2018）强调科技金融生态对创新的有效性和影响。中国科技金融生态年度观察课题组在《中国科技金融生态年度观察报告(2015)》中首次提出科技金融生态这一概念。任勋等（2016）立足于科技金融生态优化角度，从生态主体和环境两方面探讨科技金融生态失衡的表征。张华（2016）构建了科技金融创新生态系统的规划框架。张明喜（2017）利用空间杜宾（Dubin）模型，实证简析了科技金融的空间溢出效应及其绩效。汤子隆等（2018）研究了科技金融生态影响科技金融产出的空间结构。张玉喜和张倩（2018）分析了科技金融生态系统的层次结构，并依此构建科技金融生态系统评价指标体系。其他学者[如张明喜（2015）]针对科技金融生态的发展进程、功能、支持创新的机理、配套机制、绩效实证等展开了系列研究。

第二节 科技金融的内涵和外延

一、科技金融的基本内涵

在学术界，有关科技金融的内涵定义有多种，具有代表性的主要有两种。一种是工具论。如赵昌文等（2009）指出，科技金融是促进科技开发、成果转化和高新技术发展的一系列金融工具，包括产业发展的金融体系、金融政策和金融服务体系，也包括为科学和技术创新活动提供金融资源的政府、企业、市场、社会中介组织等，是金融体系和国家创新体系的重要组成部分。还有一种是本质论。如房汉廷认为，科技金融是一种创新活动，是一种技术-经济范式，是一种科学技术资本化过程，是一种金融资本有机构成提高的过程（房汉廷，2010）。

为了研究便利，结合我国科技金融工作实践和理论研究，本书倾向使用科技金融的实践性表述——科技金融指通过创新财政科技投入方式，引导和促进银行业、证券业、保险业金融机构及创业投资等各类资本，创新金融产品，改进服务模式，搭建服务平台，实现科技创新链条与金融资本链条的有机结合，为初创期到成熟期各发展阶段的科技企业提供融资支持和金融服务的一系列政策和制度的系统安排（科学技术部，2011）。

二、科技金融的外延拓展

（一）科技金融的综合性

科技金融的综合性首先体现在科技金融定义上。科技金融是促进科技开发、成果转化和高新技术发展的一系列金融工具，包括产业发展的金融体系、金融政策和金融服务体系，也包括为科学和技术创新活动提供金融资源的政府、企业、社会中介组织等。同时，科技金融也是金融体系和国家创新体系的重要组成部分（赵昌文等，2009）。

科技金融内容的综合性体现为实现过程的全面性，包括创新金融技术投资，引导和促进银行业、证券业、保险业和风险投资等各类资本，为初创阶段到成熟阶段各个阶段的科技企业发展提供融资和金融服务（张燕等，2013）。在这一过程中，新经济的发展需要创新金融产品、完善服务交付模式、搭建服务平台，使科技创新链与金融资本链有机结合。

（二）科技金融的内生性

长期以来，学术界一直认为科技金融是经济发展的外生变量，科技金融是金融的一个子集（房汉廷，2011）。但经过研究后发现，科技金融内生于经济发展过程中，其内生性体现为各种经济范式，如技术-经济范式、金融-经济范式、企业家-经济范式等。从本质上而言，科技金融是促进技术、资本与企业家等创新要素深度融合和聚合的经济范式（房汉廷，2015a）。

早在 1912 年，熊彼特提出，所谓资本，就是企业家为了实现“新组合”，用以“把生产指往新方向”和“把各项生产要素和资源引向新用途”的一种“杠杆”和“控制手段”，资本是可供企业家随时使用的支付手段，其职能在于为企业家进行“创新”提供必要条件（约瑟夫·熊彼特，1990）。卡萝塔·佩蕾丝（2007）提出，技术革命是新经济模式的引擎，金融是新经济模式的燃料，科技金融是一种新的经济范式，科技与金融的结合就是新经济模式的动力所在（Perez，2002）。本书对 18 世纪以来的五次技术革命与五次长周期经济增长进行归纳总结后发现（表 1-1），每次经济范式的转换，几乎都是由技术创造与技术创新引起的，科技金融发展内生于经济发展和社会进步过程中。

表 1-1　历次技术-经济范式与金融创新

技术革命的浪潮	技术-经济范式	金融创新
第一次；产业革命；英国；1771 年	工厂生产；机械化	以中央银行、国债市场、股票市场等为主要内容的金融变革
第二次；蒸汽机和铁路时代；英国并扩展到欧洲大陆和美国；1829 年	聚合的经济/工业城市/全国范围的市场；标准零部件/以机器生产机器	股份制和资本集聚
第三次；钢铁、电力、重工业时代；美国和德国超越英国；1875 年	工厂的规模经济/垂直一体化；世界范围的网络和帝国（包括卡特尔）	现代投资银行的诞生
第四次；石油、汽车和大规模生产的时代；美国，后扩展到欧洲；1908 年	大规模生产/大众市场；集权化/大城市中心和郊区化；民族国家的力量，世界范围内的协议和对抗	期货、信托等金融工具的应用
第五次；信息和远程通信时代；美国，扩散到欧洲和亚洲；1971 年	信息密集型（建立在微电子技术之上的信息和通信技术）异质性、多样性、适应性；与规模经济结合的范围经济和专业化	天使投资、创业投资、硅谷银行和纳斯达克市场等

资料来源：根据卡萝塔·佩蕾丝（2007）和其他相关资料整理所得。

17～18 世纪，英国发生的以中央银行、国债市场、股票市场等为主要内容的金融变革，为技术创新产业化提供了资金支持，成为工业革命的催化剂，助力英国成为“日不落”帝国；股份制和资本集聚成就蒸汽机和铁路时代；现代投资银行的诞生成就钢铁、电力、重工业时代；期货、信托等金融工具的应用成就石油、汽车和大规模生产的时代；天使投资、创业投资、硅谷银行和纳斯达克市场等成就新一代信息革命（信息和远程通信）时代。经济发展是来自科技金融内部自身创造性的变动，表现为科技金融通过改变结构和发展范式来促进经济社会发展。

（三）科技金融的动态性

科技金融的动态性首先表现为一种创新活动，创新活动往往是不断变化的动态过程。从历史发展演进来看，创新本质上是不间断的过程。创新有大小之分，也有渐进性创新和颠覆性创新之分，虽然颠覆性或者重大的创新一般要间隔一段时间才会出现一次，但是小的创新却不会间断。科技金融必定是动态的，其发展过程是动态的，其组成要素也在发生变化，尤其是数据、资源、知识等高级要素呈现多样化、动态化特征，需要利用动态画像和关联知识图谱动态更新进行把握。

科技金融的动态性还表现为是科学技术的资本化过程。科技创新和金融创新紧密结合是动态的、不断丰富和自我进化完善的过程。此外，围绕科技金融网络各个节点间的关系链条，以及科技金融各个要素（知识、信息、资本、劳动等）在流动中不断相互作用和更新，实质就表现为变化发展的动态过程。

（四）科技金融的创新性

科技金融的创新性体现在重视企业家精神和企业家资本。萨伊（1963）指出，企业家是企业经营者或冒险组织者，是与土地、劳动力、资本三个生产要素一起开展生产活动的第四个要素。彼得·德鲁克（1989）认为，企业家是一种新的生产要素，通过在生产系统中引进新组合，企业家以自己的创造力、洞察力和领导力，消除市场的不平衡，实现创造和效用，并且提出未来的发展方向。在科技金融发展过程中，企业家将旧的生产方式进行某种“创造性破坏”，引领经济结构进行“革命”突变，从而实现经济要素的再结合，推动经济的发展。

（五）科技金融的社会性

对社会资本进行分型，即社会资本Ⅰ型与社会资本Ⅱ型。社会资本Ⅰ型主要指普通的社会资本。社会资本Ⅱ型主要指20世纪70年代信息革命之后所形成的新社会资本。

社会资本的增长可以减少银行风险，促进科技创新创业资本整合。同时，社会资本作为一种公共网络资源，能够促进创新要素的优化配置，降低整个社会的运行成本（世界银行环境局等，1998）。世界银行的研究指出，一国财富可被划分为人为资源、自然资源、人文资源和社会资本的总和。

科技金融的社会性突出表现为对社会资本的重视，尤其是引入新社会资本（社会资本Ⅱ型）这一创造性突破。社会资本，包括信任、规范和社会网络，也包括人们在经济过程中的共享知识、规则和预期，通过提升知识共享的标准和期望，从而促进各方的合作与信任，导致参与者的收益增加，进而提高经济效益（李惠斌和杨雪冬，2000）。

第三节　科技金融的功能

美国著名金融学教授罗伯特·C. 莫顿等认为，金融体系具有清算和支付、融通资金、股权细化、资源配置、风险管理、信息提供、解决激励问题等七大基本功能（兹维·博迪和罗伯特·C. 莫顿，2000）。科技金融的目标是实现科技创新链条与金融资本链条的有机结合，发挥科技金融的多种功能。

一、资源配置功能

从资源配置功能的角度看，科技金融就是要引导金融资源和社会资本向科技企业集聚。一方面，在新的经济社会发展阶段，培育和释放转型升级新动能，加快构建满足经济发展需要的科技创新体系，激发了社会资本进入国家科技创新研发领域、分享国家创新成就的内生动力（朱星华，2017）。另一方面，金融也在改革，未来金融体制的改革意味着金融机构将会越来越专业。科技服务业的发展会带来技术机构的金融化。过去理解科技金融这个概念主要是从金融支持科技的角度，现在从科技推动金融创新改革发展的角度看，新技术已为全社会带来金融发展的曙光。

二、风险管理功能

从风险管理功能的角度看，可通过金融创新来优化风险收益结构，达到风险与收益相匹配（刘军民，2015）。现代金融的产生与发展，与创新密不可分。3D 打印、新能源、人工智能（AI）等不断涌现的创新创业“大事件”最初的研发经费来源无一不是风险投资。金融创新持续不断地掀起信息和生物技术产业的创新浪潮。但随着发展，金融的功能发生了一些异化，一些金融工具只关注虚拟世界而无视实体经济。正是由于异化了的金融脱离了与实体经济创新活动的天然联系，美国才发生了金融危机。因此，需要同步甚至超前的监管手段，才能有效发挥科技金融的作用。

三、信息处理功能

从信息处理功能的角度看，科技金融就是要致力于解决科技企业与金融机构之间的信息不对称。科技企业缺乏有形资产，未来不确定性大，更多依靠技术和智力等无形资产来创造利润，在没有取得商业成功之前，金融机构难以评估科技成果的货币价值和企业经营风险。一言以蔽之，科技企业从初创到取得商业成功前，与金融机构存在信息不对称（刘军民，2015）。科技金融力求通过大数据、互联网、云计算等技术与金融工具的有效结合，较好地解决这一问题。

四、监督管理功能

从监督管理功能的角度看，科技金融不仅要提供资本，还要为企业带来价值增值服务。科技金融为财政资金提供监督管理的效能，金融介入对项目承担者的治理结构、管理水平、诚信程度等形成全程化的监督管理，提高财政资金的安全性和有效性。科技金融检验科技创新成果的有效性和市场价值。对于一项成果能不能在市场中取得成功，金融资本是否参与、参与到何种程度是重要的检验手段。

第四节　科技金融的理论重构

改革开放以来尤其是近年来，科技金融受到了学术界和政府部门的极大关注，科技金融的概念日益被人们所接受。虽然科技金融研究曾经帮助政府部门对科技金融问题的理解发挥了重要作用，但不可否认的是，科技金融概念和理论外延的不恰当拓展，使得相关政策效果呈现边际效益递减趋势（李建忠，2018）。因此，为了进一步促进科技金融理论发展，有必要对科技金融理论进行创新。科技金融体系是科技金融市场以及科技金融机构的集合，这些集合被用于科技创新资源的配置以及收益和风险的交换（和瑞亚，2014）。科技金融体系是科技金融相关理论要素和知识构成的有机整体，组成要素主要包括科技金融的本体论基础、演化机制、本质等（唐五湘和刘培欣，2014）。

一、科技金融的本体论基础：多样性与多维性

众所周知，经济学范式的转变实质上是世界观的根本性变化。哲学基础，或者更特定地说有关实在的本体论假设不仅限定了更为具体的经济理论的构造，而且对经济实践产生了直接的影响。1845 年，马克思在著名的《关于费尔巴哈的提纲》中明确实践在新世界观中的核心地位，指出哲学家们只是用不同的方式解释世界，而问题在于改变世界（马克思和恩格斯，1995）。为了使科技金融理论的动态、有机、系统和开放的世界观具体化，实现我国科技金融各种理论的创造性综合，对科技金融的本体论进行深入探讨是必不可少的前提条件。

从 1985 年发放的首笔科技贷款开始，我国科技金融逐渐发展，到目前形成了具有科技支行、科技保险、风险投资、多层次资本市场等多渠道、全方位、多视角的科技金融体系（李建忠，2018）。

（一）创业投资保持健康态势，天使投资日趋多元

从全球范围来看，美国的创业投资仍在全球占据主导地位，其募集资本占全球募资额的 66%。2018 年，美国共有 1047 家创业投资管理公司管理着 1884 只基金，机构总量为 2931 家，增幅达 8.9%；管理资本规模同比增长 14%，达到 4030 亿美元，占 GDP 总量的 1.97%（中国科学技术发展战略研究院，2019）。

中国创业投资市场持续扩张。2018 年，中国创业投资管理机构共 869 家，创业投资基金共 1933 只，专业的创业投资机构总量为 2800 家，增幅 22.0%；管理资本规模同比增长 3.5%，达到 9179 亿元，占 GDP 总量的 1.02%（中国科学技术发展战略研究院，2019）。天使投资人背景趋向多元化。近年来，职业经理人、演艺界人士和其他高净值人群纷纷加入天使投资人行列，个人天使投资群体日趋庞大。同时，天使投资行业的发展也由过去以个人投资者为主开始向机构化天使转变。在这个转变过程中，个人投资者与机构化天使在募资渠道、决策流程、投资理念及投后管理的风格方面也不尽一致，然而

其在最终的导向上都为国内初创企业提供了良好的创业氛围，并帮助搭建创业生态圈。

（二）资本市场逐步扩大对科技企业的覆盖面

资本市场作为重要的资金配置平台，为科技企业提供了多元化的融资渠道，特别是创业板和中小企业板成为缺乏融资抵押物的科技企业以及中小企业的主要融资平台（安同信和刘祥霞，2015）。科技部门与证券监管部门不断优化科技成果入股的政策环境，积极推动科技成果入股企业上市（张景安，2013）。

多层次资本市场规模不断壮大，2018 年 1 月 15 日中国证券监督管理委员会审议通过《关于修改〈首次公开发行股票并上市管理办法〉的决定》，并自 2018 年 6 月 6 日起实施。这为资本市场带来了更多新的投资，对于科技企业而言则是股权融资渠道再度开放，更多科技企业可以通过发行股票实现融资。近年来，中小企业板、创业板中的高新技术企业、战略性新兴产业占比始终较高，其中创业板上市公司中，高新技术企业占比约 90%，战略性新兴产业公司占比约 70%，研发强度长期保持在 5%以上。

根据万得信息技术股份有限公司相关数据计算，2018 年，中国新增上市公司 105 家，全部上市公司超过 3600 家；2018 年全年资本市场共实现融资 7.1 万亿元，其中 105 家企业首次公开募股（IPO）融资 1378 亿元，上市公司再融资约 1 万亿元；新三板、区域性股权交易市场分别实现融资 604 亿元和 1783 亿元。交易所债券市场发行各类债券 5.69 万亿元，同比增长 45%，并购重组交易金额达 2.58 万亿元，同比增长 38%，有力地支持了供给侧结构性改革。

2018 年，区域性股权交易市场也成为中国资本市场改革的重点领域。2018 年上半年，证监会接受区域性股权交易市场备案，两批共计备案 30 家区域性股权创新创业公司债券（简称“双创”公司债）交易市场，实际上除云南和西藏外，全国 36 个省、自治区、直辖市、计划单列市均设立了区域性股权交易市场。债券市场创新不断，2018 年当年新推出了 7 种债券新品种，其中绿色金融债、绿色企业债、绿色资产支持证券（ABS）和“双创”公司债直接或间接地为科技企业提供了更丰富的融资渠道和更大量的融资供给。“双创”公司债主要是为满足创新创业公司因技术创新、产品研发、市场开拓等产生的资金需求。

（三）银行业金融机构聚焦服务科技创新

国家开发银行秉承“增强国力，改善民生”的宗旨，以服务国家战略为核心，通过建立风险分担和补偿机制，推动多元化、多层次的信贷产品创新，重点扶持种子期和初创期的科技企业，通过建立风险投资引导基金等方式，积极探索开发性金融支持科技企业发展的有效途径；创新“双创”专项债务融资工具，支持企业孵化发展；发挥综合金融优势，成立国开装备制造产业投资基金、国开新能源科技有限公司及国家集成电路产业投资基金等平台，投资新能源汽车、高端医疗设备、太阳能光伏发电系统（简称光伏）以及集成电路等科技领域。推动国银金融租赁股份有限公司积极支持比亚迪售后回租融资性租赁项目等新能源融资租赁项目。

中国进出口银行努力创新金融产品，通过设立特别融资账户、创业投资引导基金、担保机构等多种方式支持科技企业发展。中国进出口银行与科技部签署支持科技创新合作协议，明确了将在国家科技重大专项、国家科技计划和重大国际科技合作项目实施等多个领域内进行深层次合作。

中国农业发展银行加大了对农业科技领域的支持力度，制定《中国农业发展银行农业科技贷款业务指引》，要求各级行对农业科技贷款实施倾斜信贷政策（徐义国，2008）。

中国农业银行早在 2010 年就与无锡市政府合作，共建全国大型银行第一家专业科技银行——中国农业银行无锡科技支行，紧紧围绕“新产业、新企业、新金融、新产品”这一定位，遵循“专营机构、专属产品、专业流程、专项补偿、专门考核”经营模式，专注于服务具有“新技术、新产品、新创意、新模式”的科技型中小企业。

中国光大银行推出股权服务全程通业务，基于企业生命周期特点对银行传统信贷、股权服务、投资银行服务等资源进行整合，采取“商业银行+托管银行+投资银行”模式，以股权服务平台为中心，提供“股权融资+股权转让+股权托管”的服务，并匹配相应的综合金融服务。与地方政府科学技术厅、工业和信息化厅、金融服务办公室、高科技园区管理委员会等部门密切合作，联合风险投资/私募股权（VC/PE）投资基金等专业投资机构，融合科技专项资金、信贷资金、产业资本和金融资本，为高科技企业尤其是中小科技企业提供模式化服务。

为了弥补银行贷款支持科技创新的风险损失，中国银行业监督管理委员会（简称银监会）[①]会同科技部、中国人民银行联合出台了《关于支持银行业金融机构加大创新力度 开展科创企业投贷联动试点的指导意见》（银监发〔2016〕14 号），允许国内包括国家开发银行在内的 10 个银行在北京中关村、武汉东湖、上海张江、天津滨海、西安 5 个国家自主创新示范区内开展投贷联动试点，为种子期、初创期、成长期的科技创新企业提供资金支持。

（四）科技保险取得新进展

2006 年，中国保险监督管理委员会和科技部共同开展科技保险工作，分两批选取 12 个城市开展试点。在试点基础上，2010 年，保监会和科技部共同下发《关于进一步做好科技保险有关工作的通知》，全面推开科技保险工作（张祥祯等，2016）。科技保险从无到有，从试点到推开，是保监会、科技部、地方政府和保险机构共同协调配合、积极探索创新的结果。

调研科技企业保险需求，不断创新科技保险险种。例如中国人民财产保险股份有限公司苏州科技支公司根据苏州地区科技企业特点推出了“科易保”科技保险系列产品、“领军人才”卓越保险计划、环球个人医疗保险等险种。同时，深入开展首台（套）保险工作，在总结中关村试点经验基础上，2015 年，保监会与工业和信息化部、财政部加强协作，联合启动了在中央层面建立首台（套）重大技术装备保险机制工作，联合发布《关于开展首台（套）重大技术装备保险补偿机制试点工作的通知》（财建〔2015〕19 号），中国人民财产保险股份有限公司、中国平安财产保险股份有限公司、中国太平洋财产保险股份有限公司等七家保险公司成立首台（套）保险共同体。专利保险取得新突破，全面实现专利执行保险、侵犯专利权责任保险等保险业务运营。2012 年 11 月，中国人民财产保险股份有限公司苏州科技支公司成立，

---

① 2018 年 3 月，银监会撤销，国家成立中国银行保险监督管理委员会（简称银保监会）。

成为全国第一家科技保险专营机构。2013年6月，中国保险监督管理委员会江苏监管局在苏州高新区开展“保险与科技结合”综合创新试点工作，深入开展科技保险综合业务创新，将科技保险工作从以前的产险领域，逐步扩大到寿险和资金领域，为科技企业创新提供保险的综合性服务。在推动科技保险工作的过程中，各地保险业监管局、科技部门、保险机构积极进行沟通协调，密切配合，创新业务推广方式，有效发挥了合力（楼新明，2009）。

中国人民财产保险股份有限公司提供的数据显示，截至2016年底，公司政策性科技保险共为5326家科技企业提供风险保障逾9500亿元，已支付赔款2.25亿元，有效地支持了科技企业的正常运转。截至2016年底，专利保险在63个地级市进行推广，累计为4450家科技企业的10 346件专利提供风险保障逾93.83亿元。

地方专利保险不断创新模式，如“互联网+政府统保”的专利保险投保模式、“政府+保险+银行+评估公司”的风险共担专利质押融资模式。此外，为“双创”科技企业提供涵盖传统风险、潜在法律风险、无形资产保护和综合金融服务等在内的一揽子产品及服务，建立了“保险+双创孵化器+多家科技型中小企业”的“1+1+*N*”的“双创”平台运营模式。

（五）科技金融综合创新不断涌现

互联网金融快速发展。网上支付成为专营或主营线上第三方支付的新兴机构率先突破的领域。依托互联网的投融资机构可分为以下三类：第一类为由电商平台兴办的关联贷款平台（郭戎，2014），第二类为基于互联网的独立贷款平台，第三类为网上众筹平台。同时，综合金融模式推出新业务，业务链条进行分工深化和细化。

近年来，第三方支付交易规模不断放大，但增速逐年平稳。点对点（P2P）网络借款逐渐成为社会主流理财方式之一；众筹正在成为一种新型消费方式；互联网理财引爆大众理财新观念。随着互联网金融的风险逐渐暴露于公众视野，国家逐渐加大了对互联网金融的规范力度（武可，2013）。互联网金融从“野蛮生长”回归到理性规范发展，仍然吸引大量风险投资的关注。以众筹为代表的互联网金融积极与科技创新对接，以第三方支付为代表的互联网金融推动分享经济发展。

二、科技金融的演化机制

（一）科技金融服务对象的阶段性

科技企业的发展呈现阶段性特征。在不同阶段，科技金融的支持形态和支持力度都不一样（黄德春等，2013）。初创期最需要起步资本，因此天使投资、风险投资等显得尤其重要。成长期需要创业投资和小额贷款，以满足开发产品和进入市场的需要。发展期对营销、经营和市场融资的人才需求大幅度增加，而银行信贷、私募股权投资、保险等的帮助对其更为重要。成熟期以实现可持续发展为最终目标，需要资本市场、并购基金以及股权激励等助力。

（二）科技金融服务过程的阶段性

科技金融的阶段性也体现在服务过程的阶段性。在研发阶段，资金支持主要是以企业内源性融资和财政研发资金两者为主体；在成果转化阶段，资金支持依靠风险投资和企业内源性融资；在产业化阶段，资金支持可能更多依靠银行贷款和资本市场（陈宾，2017）。

（三）科技金融自我发展的权变性

科技金融从启蒙和概念到全面走向商业化应用，大致可分为三个阶段：科技金融市场发展的初期阶段，科技金融首先需要以数据为基础、以技术为手段，从而实现以数据与技术为支撑的新金融服务；科技金融市场培育阶段，通过不断提高金融服务效率，为实体经济的发展起到更好的促进作用；科技金融市场成熟阶段，科技金融政策适时退出，不再干预市场。

我国科技创新与金融创新结合发展，离不开宏观经济背景，更离不开我国科技体制改革的背景（姜凌和梁青，2012）。从 1978 年至今的周期观察看出，我国科技创新与金融创新结合的演进从某种程度上来说是权变性的，即我国的宏观环境对两者的结合程度具有决定性影响，而决定创新环境优劣的是两者结合的适宜性。这种演进的影响是从局部到整体、从被动到主动发展的，是一种较为典型的具有权变色彩的制度创新（房汉廷，2015a），不断推动我国经济社会发展。

1. 1978～1984 年，科技金融萌芽阶段

1977 年 9 月 18 日，中共中央下发《关于召开全国科学大会的通知》，该通知强调四个现代化的关键是科学技术现代化。1978 年，党的十一届三中全会确立了以经济建设为核心的新时期基本方针。1979 年 10 月 8 日，邓小平（1994）再次指出："银行要成为发展经济、革新技术的杠杆，要把银行真正办成银行。"从革新技术的杠杆出发，就隐含科技金融的雏形。1984 年，国家科学技术委员会中国科技促进发展研究中心组织"新的技术革命与我国的对策"研究，提出了建立创业投资机制促进高新技术发展的建议。

2. 1985～1993 年，科技金融起步阶段

1985 年 9 月，国务院正式批准成立了中国境内第一家创业投资公司——中国新技术创业投资公司。国家经济贸易委员会、财政部创办了中国第一家以促进科技进步为主要目标、以经济担保为主要业务的全国性银行金融机构——中国经济技术投资担保公司。中国人民银行、国务院科技领导小组办公室发布《关于积极开展科技信贷的联合通知》（〔85〕银发字第 379 号），正式开展科技贷款。1993 年，深圳科学技术局第一次把"科技与金融"缩写为"科技金融"。这一时期，科技金融的重点是信贷市场，主要形式是科技贷款，主要手段是贷款贴息。

3. 1994～1999 年，科技金融探索阶段

1994 年，中国科技金融促进会首届理事会正式采纳"科技金融"一词。1995 年，理事长谢绍明把科技金融称为"一项具有生命力的尝试"。1996 年，《中华人民共和国促进科技成果转化法》提出："国家鼓励设立科技成果转化基金或者风险基金，其资金来源由国家、地方、企业、事业单位以及其他组织或者个人提供，用于支持高投入、高风险、高产出的科技成果的转化，加速重大科技成果的产业化。"1998 年，中国民主建国会中央委员会提出提案——《关于借鉴国外经验，尽快发展中国风险投资事业的提案》。同年，首批中国高新技术产业开发区企业债券成功发行。1999 年国务院办公厅

转发了科技部、国家计划委员会、国家经济贸易委员会等部门制定的《关于建立风险投资机制的若干意见》，成为引导我国风险投资行业健康发展的纲领性文件。

4. 2000～2005 年，科技金融推进阶段

第一，实行打包贷款，国家开发银行和科学技术部科技型中小企业技术创新基金管理中心签署科技型中小企业贷款业务合作协议，并在北京、上海、成都、重庆四个城市进行试点，当年打包贷款总额达 3 亿元。第二，规范外商创业投资企业管理，出台《国家税务总局关于外商投资创业投资公司缴纳企业所得税有关税收问题的通知》《外商投资创业投资企业管理规定》等。第三，推出中小企业板，首批“新八股”在深圳证券交易所中小企业板上市。第四，以科技企业孵化器为重点，通过孵化器与创业投资对接，加强对科技成果产业化的支持。

5. 2006 年至今，科技金融发展阶段

随着《国家中长期科学和技术发展规划纲要（2006—2020 年）》的颁布，国家对市场的“无形之手”与政府的“有形之手”进行更加清晰的分工，前者在资源配置上逐步从基础作用上升为决定性作用，后者逐步从决定性作用转变为规划、引导、监管、服务的综合作用（房汉廷，2015a）。科技金融已经成为创新驱动发展的“牛鼻子”，政府资源配置、市场资源引导、创新创业激发都离不开科技金融的支持（辜胜阻等，2015）。科技金融成为科技部门和金融管理部门的共同事权，在政策性银行、商业银行、科技保险、科技担保、创业板、互联网金融等在内的创新操作层面同时发力（李建忠，2018）。

三、科技金融的本质

科技金融是世界科学技术和经济金融的融合过程，更是创新型经济的高级形态。技术创新和技术进步是需要追加投资的。在各国工业化的初期，有关技术创新的投资虽然不像后期需要很多的资金，但对于刚起步的小工业企业主而言也不是很容易筹到的（厉以宁，2016）。银行业较晚才对工业企业的技术创新进行投资。从工业化历史来看，重大的技术创新不可能来自小企业，而只能

来自大企业，正是大企业在银行融资的帮助下推动了重大的技术创新过程。

19 世纪末期和 20 世纪初期，证券市场有了较大发展以后，通过证券市场融资，小企业从事技术创新的积极性得以增加。证券市场的发展为技术创新开辟了新途径。西欧各国工业化的历史表明，工业化过程既是技术创新过程，也是经济结构调整过程，更是金融创新和金融结构相应调整过程。

金融创新不仅仅是为了促进高新技术产业的发展和推进技术不断创新而产生的，同时也是为了实现金融业和金融机构利润的最大化或者把损失降到最低程度而产生的。科技创新与金融创新是相辅相成的互动发展关系。科技创新的有效、高速发展离不开金融创新的支撑，同时科技创新发展方式的转变和结构的调整也需要金融创新的及时创新和完善；金融创新的发展离不开科技创新作为基础，其发展速度和规模、形式都应与科技创新发展的需要相符合。金融创新依赖科技创新，科技创新的发展也需要借助于金融创新（胡冬雪，2010）。

更为重要的是，科技金融是创新型经济的高级形态。这一方面表现为科技金融服务业发展的程度，另一方面表现为科技金融生态的完善程度。

科技金融服务业是现代服务业的重要组成部分，既包括银行、证券、保险等金融行业，也包括担保、资产评估、会计、法律等专业服务业（戴彩霞，2015）。现代服务业是未来经济发展的关键产业。同时应指出的是，科技金融的发展也有其自身的局限性。它的发展水平不但受金融市场和科技创新能力的影响，也与经济发展的变化直接相关。科技金融是通过金融体系、业态、产品和服务的创新和优化，将政府“有形之手”和市场“无形之手”结合起来，不断地进行着相互矫正、适应和再平衡的生态系统，科技金融生态优劣从侧面反映了国家和地区经济发展的环境和活力。

作为未来创新型经济发展，科技金融发展的深度及其变化可以映射出一个国家投资结构和经济发展方式的转变（王元等，2012）。纵观世界，科技金融结合程度与经济发展存在较强的关联关系，科技金融结合程度的提高一般都伴随着产业结构的快速升级。因此，科技金融结合程度的提高在很大程度上体现了产业结构的高级化和产业创新能力的提升。

参 考 文 献

安同信，刘祥霞. 2015. 破解中国科技型中小企业融资难问题的路径研究：基于日本经验的借鉴. 理论导刊，(10)：52-61.

彼得·德鲁克. 1989. 创新和企业家精神.《世界经济科技》周刊编辑室译. 北京：企业管理出版社：43.

曹颢，尤建新，卢锐，等. 2011. 我国科技金融发展指数实证研究. 中国管理科学，19(3)：134-140.

陈宾. 2017. 基于“银政企”视角下金融支持科技创新机制研究. 武汉金融，(7)：69-71.

崔瑛，齐兰. 2010. 推进科技金融工作需要重视金融监管理论及其实践. 中国科技论坛，(6)：117-121.

戴彩霞. 2015. 福建省科技金融服务业发展建议. 海峡科学，(3)：64-65，69.

邓小平. 1994. 邓小平文选. 北京：人民出版社：148.

房汉廷. 2010. 关于科技金融理论、实践与政策的思考. 中国科技论坛，(11)：5-10，23.

房汉廷. 2011. 促进科技金融深化发展的几个关键问题. 中国科技产业，(1)：49-52.

房汉廷. 2015a. 科技金融本质探析. 中国科技论坛，(5)：5-10.

房汉廷. 2015b. 中国科技制度的权变式创新. 中国科技财富，(2)：72-73.

付剑峰，郭戎. 2011. 中国创业板市场支持高新技术企业发展的现状、问题及建议. 中国科技论坛，(9)：62-66.

付剑峰，沈文京，赵昌文，等. 2009. 信用违约互换的发展及其对中国中小企业融资的启示. 中国科技论坛，(12)：69-72.

辜胜阻，刘伟，庄芹芹. 2015. 大力发展科技金融 实施创新驱动战略：以湖北为视角. 江汉论坛，(5)：5-9.

郭戎. 2009. 创业投资机制推动下的企业技术创新模式变革. 北京师范大学学报(社会科学版)，(5)：136-141.

郭戎. 2011. 促进科技与金融融合：塑造支撑知识密集型无形资产高效交易的金融中介体系. 中国科技投资，(5)：16-19.

郭戎. 2014. 互联网金融：新技术带来的“好金融”. 中国发展观察，(7)：60-63.

和瑞亚. 2014. 科技金融资源配置机制与效率研究. 哈尔滨工程大学博士学位论文.

胡冬雪. 2010. 科技和金融结合的突破点应该放在成长期科技企业上：2010年浦江创新论坛之我见. 华东科技，(12)：42-43.

黄德春，陈银国，张长征. 2013. 科技型企业成长支撑视角下科技金融发展指数研究. 科技进步与对策，30(20)：108-112.

黄福宁. 2009. 技术创新投融资风险状态的识别研究. 科学管理研究，(4)：100-103.

黄国平，孔欣欣. 2009. 金融促进科技创新政策和制度分析. 中国软科学，(2)：28-37.

姜凌，梁青. 2012. 建设创新型国家要推进我国科技金融发展. 产业与科技论坛，(13)：

23-24.
卡萝塔·佩蕾丝. 2007. 技术革命与金融资本: 泡沫与黄金时代的动力学. 田方萌, 胡叶青, 刘然, 等译. 北京: 中国人民大学出版社.
科学技术部. 2011-07-14. 国家“十二五”科学和技术发展规划. 科技日报, 第5版.
雷蕾. 2019. 不破不立, 将改革进行到底: 湖南科技体制改革思辨录. 发明与创新(大科技), (7): 10-21.
李惠斌, 杨雪冬. 2000. 社会资本与经济发展. 北京: 社会科学文献出版社: 75.
李建忠. 2018. 科技金融支持科技创新的模式与启示. 西南民族大学学报(自然科学版), 44(5): 546-550.
李兴伟. 2011. 中关村国家示范区科技金融创新分析与趋势预测. 科技进步与对策, (9): 33-37.
厉以宁. 2016. 厉以宁讲欧洲经济史. 北京: 中国人民大学出版社: 194.
刘军民. 2015. 科技金融的相关理论问题探析. 经济研究参考, (7): 13-26.
楼新明. 2009. 大力发展科技保险业 为自主创新保驾护航: 加快发展我省科技保险的对策研究. 今日科技, (11): 27-29.
马克思, 恩格斯. 1995. 马克思恩格斯选集(第2卷). 中共中央马克思恩格斯列宁斯大林著作编译局译. 北京: 人民出版社: 99.
任勋, 史晴方, 郭净, 等. 2016. 京津冀协同发展背景下河北省科技金融生态优化研究. 时代金融, (24): 305-306.
萨伊. 1963. 政治经济学概论: 财富的生产、分配和消费. 陈福生, 陈振骅译. 北京: 商务印书馆: 162.
邵学清. 2009. 对科技保险试点的经验总结与展望. 中国科技论坛, (4): 41-45.
世界银行环境局, J. 迪克逊, 等. 1998. 扩展衡量财富的手段: 环境可持续发展的指标. 张坤民, 何雪炀, 张菁译. 北京: 中国环境科学出版社: 1.
汤子隆, 祝佳, 赖晓冰. 2018. 科技金融生态影响科技金融产出的空间结构研究. 经济体制改革, (6): 57-62.
唐五湘, 刘培欣. 2014. 科技金融平台运行机制研究. 科技与经济, (4): 51-55.
万钢. 2014-08-11. 推进科技和金融紧密结合. 经济日报, 第7版.
王海, 叶元煦. 2003. 科技金融结合效益的评价研究. 管理科学, (2): 67-72.
王宇伟, 范从来. 2012. 科技金融的实现方式选择. 南京社会科学, (10): 28-35.
王元. 2007. 为创新增加投资. 中国高新区, (10): 30-32.
王元, 宋卫国, 玄兆辉, 等. 2012. 科学应用科技统计指标和数据为决策提供扎实的依据. 中国科技成果, (3): 17-18, 21.
闻岳春, 黄福宁. 2010. 资本市场系统风险评估模型及其实证应用. 金融理论与实践, (1): 14-19.
武可. 2013. 互联网金融 有利有风险. 中国科技财富, (11): 32-33.
徐义国. 2008. 科技金融: 对条件财务模式的理念革新和实践跨越. 银行家, (5): 69-71.
徐玉莲. 2012. 区域科技创新与科技金融协同发展模式与机制研究. 哈尔滨理工大学博士学位论文.
薛澜, 俞乔. 2010. 科技金融: 理论的创新与现实的呼唤: 评赵昌文等著《科技金融》一书. 经济研究, (7): 157-160.
严成樑. 2012. 社会资本、创新与长期经济增长. 经济研究, (11): 48-60.
约瑟夫·熊彼特. 1990. 经济发展理论: 对于利润、资本、信贷、利息和经济周期的考察. 何畏, 易家祥, 等译. 北京: 商务印书馆: 115-123.
张华. 2016. 科技金融创新生态系统的规划框架与协同创新机制. 科学管理研究, 34(5): 89-93.
张景安. 2013. 促进科技金融创新支撑创新驱动发展. 中国高新区, (11): 70-74.
张俊芳, 郭戎. 2010. 拓展企业融资渠道 促进科技资源优化配置: 基于浙江省科技金融工作的调研分析. 中国科技投资, (3): 70-73.
张明喜. 2014. 我国金融支持技术创新研究. 南方金融, (3): 4-9.
张明喜. 2015. 我国科技金融发展的财政配套机制研究. 科技进步与对策, 32(23): 113-117.
张明喜. 2017. 我国科技金融生态及其绩效实证研究. 科技进步与对策, 34(16): 14-19.
张祥祯, 易靖韬, 赵杨, 等. 2016. 结构性科技保险财政激励机制研究. 科学决策, (12): 1-23.
张燕, 王润方, 王策, 等. 2013. 科技金融信息服务平台建设的探讨. 中国科技信息, (23): 214-215.
张玉喜, 张倩. 2018. 区域科技金融生态系统的动态综合评价. 科学学研究, (11): 1963-1974.
赵昌文, 陈春发, 唐英凯. 2009. 科技金融. 北京: 科学出版社.
中国科学技术发展战略研究院. 2019. 中国创业投资发展报告 2019. 北京: 经济管理出版社.
周昌发. 2011. 科技金融发展的保障机制. 中国软科学, (3): 72-81.
朱星华. 2017. 欧美在科技创新领域开展公私合作的典型案例与启示. 全球科技经济瞭望, 32(8): 22-26.
兹维·博迪, 罗伯特·C. 莫顿. 2000. 金融学. 北京: 中国人民大学出版社: 28.
Arena M, Bengo I, Calderini M, et al. 2018. Unlocking finance for social tech start-ups: is there a new opportunity space? Technological Forecasting and Social Change, 127: 154-165.
Arrow K J. 1962. Economic Welfare and the Allocation of Resources for Invention. Princeton. NJ: Princeton University Press: 609-626.
Benfratello L, Schiantarelli F, Sembenelli A. 2008. Banks and Innovation: Microeconometric Evidence on Italian Firms. Journal of Financial Economics, 90(2): 197-217.
Black B S, Gilson R J. 1998. Venture capital and the structure of capital markets: banks versus stock markets. Journal of Financial Economics, 47(3): 243-277.
Boot A W A, Thakor A. 1995. Banking Scope, Financial Innovation, and the Evolution of The Financial System. Center For Economic Policy Research, Discussion Paper: 69.
Charupat N, Prisman E Z. 2004. An essay on financial innovation: the case of instalment receipts. Journal of Banking and Finance, 28(1): 129-156.
Colombo M G, Cumming D J, Vismara S. 2016. Governmental venture capital for innovative young firms. The Journal of Technology Transfer, (41): 10-24.

Freeman C, Louçã F. 2002. As time goes by: from the industrial revolutions to the information revolution. The Academy of Management Review, 27(2): 306-308.

Giannetti C. 2012. Relationship lending and firm innovativeness. Journal of Empirical Finance, 19(5): 762-781.

Grilli L, Mazzucato M, Meoli M, et al. 2018. Sowing the seeds of the future: policies for financing tomorrow's innovations. Technological Forecasting and Social Change, 127: 1-7.

Hall B H, Lerner J. 2010. Chapter 14: the financing of R&D and innovation. Handbook of the Economics of Innovation, 1: 609-639.

Hall S C. 2002. Predicting financial distress. Journal of Financial Service Professionals, 56(3): 12-15.

Lazonick W, Tulum Ö. 2011. US biopharmaceutical finance and the sustainability of the biotech business model. Research Policy, 40(9): 1170-1187.

Lee J D, Park C. 2006. Research and development linkages in a national innovation system: factors affecting success and failure in Korea. Technovation, 26(9): 1045-1054.

Lerner J. 1998. Venture capital and private equity: a course overview. Social Science Electronic Publishing, 1: 2-23.

Lerner J, Hardymon G F, Leamon A. 2012. Venture Capital and Private Equity: a Casebook (5th Ed). New York: John Wiley & Sons: 54-62.

Levine R, Loayza N, Beck T. 2000. Financial intermediation and growth: causality and causes. Journal of Monetary Economics, 46: 31-77.

Mazzucato M. 2013. Financing innovation: creative destruction vs. destructive creation. Industrial and Corporate Change, 22(4): 851-867.

Mazzucato M. 2016. From market fixing to market-creating: a new framework for innovation policy. Industry and Innovation, 23(2): 140-156.

Mazzucato M, Wray L R. 2015. Financing the capital development of the economy: a Keynes-Schumpeter-Minsky synthesis. Social Science Electronic Publishing, 3: 1-12.

McKinnon R. 1973. Money and Capital in Economic Development. Washington D.C.: Brookings Institution.

Modigliani F, Miller M H. 1958. The cost of capital, corporation finance and the theory of investment. The American Economic Review, 48(3): 261-297.

Nelson. 1993. Technical Innovation and National Innovation Systems: a Comparative Analysis. Oxford: Oxford University Press: 89.

Nelson R R, Winter S G. 1977. In search of a useful theory of innovation. Research Policy, 6(1): 36-76.

Owen G, Hopkins M M. 2016. The financing of biotech// Science, the State, and the City: Britain's Struggle to Succeed in Biotechnology. Oxford Scholarship Online: May: 170-191.

Peneder M. 2008. The problem of private under-investment in innovation: a policy mind map. Technovation, 28(8): 518-530.

Perez C. 2002. Technological Revolutions and Financial Capital. Cheltenham: Edward Elgar Publishing, 78-102.

Schumpeter J A. 1934. The Theory of Economic Development. Cambridge: Harvard University Press.

Shaw E S. 1973. Financial Deepening in Economic Development. New York: Oxford University Press: 46.

Wonglimpiyarat J. 2013. Innovation financing policies for entrepreneurial development: cases of Singapore and Taiwan as newly industrializing economies in Asia. The Journal of High Technology Management Research, 24(2): 109-117.

第二章　科技金融与科技创新耦合（协同）分析

当前全球正处于孕育新科技革命和产业变革的浪潮中，科技创新和科技金融逐渐成为国家和地区提高生产力、提升综合实力的重要因素，其中科技金融是发展的推动力，科技创新是发展的生产力，两者的相互结合逐渐成为一个地区经济增长的主要竞争力。

1985 年，我国出台《中共中央关于科学技术体制改革的决定》，科技创新与科技金融的结合发展初露端倪。2006 年，我国出台《国家中长期科学和技术发展规划纲要（2006—2020 年）》，科技与金融的结合被正式提上日程。2012 年，中共中央《关于深化科技体制改革加快国家创新体系建设的意见》指出："促进科技和金融结合，创新金融服务科技的方式和途径。"2013 年，国务院办公厅《关于强化企业技术创新主体地位 全面提升企业创新能力的意见》指出，"完善支持企业技术创新的财税金融等政策""促进科技和金融结合"。2014 年，国务院《关于深化中央财政科技计划（专项、基金等）管理改革的方案》指出："促进科技和金融结合，推动符合科技创新特点的金融产品创新。"2015 年，中共中央、国务院《关于深化体制机制改革加快实施创新驱动发展战略的若干意见》指出："培育壮大创业投资和资本市场，提高信贷支持创新的灵活性和便利性，形成各类金融工具协同支持创新发展的良好局面。"2016 年，国务院《"十三五"国家科技创新规划》明确提出，"促进科技金融产品和服务创新""建设国家科技金融创新中心"。

中共中央、国务院的一系列政策举措，将科技创新与科技金融的结合提到前所未有的战略高度。科技创新与科技金融二者的结合方式、结合路径、结合效果将直接决定一个区域科技、经济、社会等多领域发展的质量和水平。

只有科技创新与科技金融实现耦合协调发展，才能引导科技金融资源向科技创新领域优化配置，才能助推科技创新成果转化为现实生产力，同时反哺科技金融业的发展，从而实现经济新常态下创新型经济发展的稳中有进、稳中向好。因此，深入研究科技创新与科技金融两者的耦合协同关系，全面剖析科技创新和科技金融之间的耦合互动机理，掌握目前中国以及各省（自治区、直辖市）科技创新和科技金融耦合协调发展的现实情况，是深入实施创新驱动发展战略、深化体制机制改革的本质要求，有助于为政府出台相关政策提供理论依据，从而推动区域经济的高质量发展。

第一节　科技金融与科技创新关联分析

一、科技金融与科技创新耦合的内在机理

“耦合”概念源于物理学领域，描述两个或两个以上的系统或运动方式之间通过相互作用而彼此影响以至联合起来的现象，是在各子系统间的良性互动下，相互依赖、相互协调、相互促进的动态关联关系。

科技创新与科技金融既不是包含关系，也不是互相独立关系，而是互相影响的关系，这符合美国学者维克的松散耦合理论定义。本书将科技金融与科技创新的耦合定义为：“科技金融-科技创新”系统内，两个子系统的各要素之间相互作用、互相影响，科技金融与科技创新各要素协同有序发展，同时优化各类科技资源的合理配置，最终两者发展趋于一致的过程。

科技金融系统则主要包含公共科技金融和市场科技金融。其中，公共科技金融主要是指以政府为主体向科技创新投入的资金，主要包括财政资金、创新补贴、政策性贷款、科技计划资金等。公共科技金融更加注重资金投入的稳定性和可持续性，对资金的盈利性要求不高，因此其具有公共资源的特征，故本书将这类资金定义为公共科技金融。市场科技金融主要是各类市场主体从外部市场所获取的资金，主要包括商业银行贷款，从风险投资机构以及资本市场取得的股权性融资、债券性融资等。市场科技金融更加注重资金

的盈利性，会根据项目的可行性和市场前景，选取投资收益更大的项目，因此具有市场化运作的特征，故本书将这类资金定义为市场科技金融。

科技创新系统包含研发、创新产出（知识、技术产出等）、产业化等过程，需要科技金融的投入，才能支撑科技创新系统的不断发展。在科技创新产业化的过程中，又创造出新的财富：一方面产生税收等来作为财政收入，从而循环到公共科技金融中；另一方面还产生出投资收益来作为市场科技金融，再次投入科技创新系统中。

总之，科技金融的发展哺育促进了科技的研发、成果转化、产业化等方面的发展，而反过来科技创新也会通过政策、制度的传递，促进科技金融的发展，二者相互推动、彼此影响、耦合发展。

二、科技金融与科技创新耦合分析的文献研究

目前，很多学者对科技金融和科技创新的耦合协调度进行了分析和测度。佟金萍等（2016）等建立了科技金融-科技创新-科技贸易耦合协调度模型，经过研究发现，我国各地耦合协调度普遍偏低且存在区域差异，相比后两者，科技金融发展较为落后。王仁祥和杨曼（2015）以金融发展程度较高的国家作为研究对象，实证结果显示，科技金融-科技创新耦合协调度正向地影响经济发展，其中发展中国家结果更为显著。王卉彤等（2014）实证研究了新旧产业的耦合协调度发展类型和科技金融助推产业发展的功能定位。张林和李雨田（2015）研究发现，我国各省（自治区、直辖市）金融发展-科技创新的耦合协调度普遍偏低，大多数省（自治区、直辖市）发展呈现下滑态势，东部地区存在发展失衡问题。和瑞亚和张玉喜（2014）研究发现，我国各省（自治区、直辖市）公共金融-科技创新耦合协调度整体表现不佳，且存在地区差异，科技创新普遍优于公共金融发展。王环（2014）研究发现，环渤海经济圈科技金融-科技创新耦合呈现逐渐趋于优质耦合的相互促进、融合的协调发展态势。童藤（2013）将定性与定量相结合，为促进我国金融创新-科技创新优质协调发展提供了理论与实证借鉴。徐玉莲等（2011）研究发现，我国各地科技金融-科技创新耦合发展程度普遍较低，大部分地区的科技创新发展优于科技金融发展，且地域差异明显。

可见，目前相关文献对科技金融-科技创新耦合协调度的测量分析较多，但多数均是探讨不同区域之间的差异，对中国整体长时间序列的科技金融与科技创新耦合的发展情况分析较少，而且绝大多数文献仅仅分析科技金融系统和科技创新系统之间的整体耦合协调度，对两个系统内每个部分的耦合情况和贡献程度并没有具体的分析。

因此，本章在参考各文献和学者意见的基础上，选取长时间序列数据，测算了中国及各省（自治区、直辖市）的科技创新水平和科技金融水平，然后测度了中国科技创新与科技金融长时间序列的耦合协调度，从中挖掘其发展规律和特征。同时，本章将科技金融系统分为市场科技金融和公共科技金融，深入探讨不同科技金融系统和科技创新系统之间的耦合协调度。另外，还对不同省（自治区、直辖市）的耦合协调度进行测度，并分为不同主导类型来详细分析。最后结合测算结果，得出研究结论，并针对中国科技创新和科技金融的发展给出针对性意见。

第二节　研究方法与数据来源①

一、科技创新水平测度

目前，对科技创新水平的测度主要采用综合指数法，即选取一定数量的三级指标，对数据去量纲，明确各个指标权重而后合成综合指数。根据相关的文献以及国家创新指数、中国区域科技创新评价等相关权威指数，本章构建了如表 2-1 所示的科技创新综合指数指标体系。该指标体系包含研发能力、创新产出、产业创新三个维度，共选取 R&D（研究与开发）人员全时当量、R&D 经费占 GDP 比重、专利授权数、技术市场成交额、科技论文产出数、高技术产业主营业务收入、高技术产业新产品销售收入 7 个具体指标。

---

① 本节数据主要来自国家统计局（2018，2019）、中国科学技术发展战略研究院（2017），以及《中国科技金融生态年度观察 2018》。

表 2-1　科技创新综合指数指标体系

维度	序号	具体指标	权重/%
研发能力	1	R&D 人员全时当量	14.28
	2	R&D 经费占 GDP 比重	14.28
创新产出	3	专利授权数	14.28
	4	技术市场成交额	14.28
	5	科技论文产出数	14.28
产业创新	6	高技术产业主营业务收入	14.28
	7	高技术产业新产品销售收入	14.28

注：因四舍五入原因，权重加和不为 100%，下同。

本书认为，每个具体指标对科技创新综合指数的贡献程度同等重要，即 7 个具体指标的权重相等，并利用极差标准化方法测算科技创新综合指数。为了消除不同单位的数据对综合指数的影响，且确保每个评价指标均为正向指标，采用极差标准化方法对原始数据进行无量纲化处理，各个量的公式为

$$X_i = \frac{x_i - x_{\min}}{x_{\max} - x_{\min}} \tag{2-1}$$

综合指数的计算公式为$\frac{\sum X_i W_i}{\sum W_i}$。其中，$i$=1，2，…，$n$，$x_i$ 表示原始数据，$x_{\min}$ 表示第 i 列数据的最小值，$x_{\max}$ 表示第 i 列数据的最大值，X_i 表示已经标准化处理过的各项指标的相对值，W_i 为各项指标的权重。

二、科技金融水平测度

目前，学术界主要利用综合指数法来测度地区科技金融的整体发展水平。例如，张芷若等构建了包含科技金融资源环境、科技金融经费力度、科技金融融资规模以及科技金融产出能力四个方面的科技金融发展水平指标体系，采用指数合成法计算我国 30 个省（自治区、直辖市）2006～2017 年的科技金融综合指数，探究科技金融对区域经济增长的影响（张芷若和谷国峰，2019）。浦江创新论坛发布的《中国科技金融生态年度观察 2018》从结构视

角出发，将科技金融研究范畴细分为科技财税、创业风险投资、科技信贷、科技资本市场、科技保险和科技金融环境六大部分。

因此，本章在总结相关文献的基础上，从投入产出思想出发，全面考虑影响科技金融的各个要素，将科技金融综合指数按资金来源分类，构建了包含公共科技金融和市场科技金融 2 个维度，地方财政科技支出占地方财政支出比重、政府科技创新引导基金规模、VC/PE 投资总金额、股票筹资额、风险投资机构数、证券投资基金规模等 6 个具体指标的指标体系（表 2-2）。

表 2-2　科技金融综合指数指标体系

维度	序号	具体指标	权重/%
公共科技金融	1	地方财政科技支出占地方财政支出比重	16.67
	2	政府科技创新引导基金规模	16.67
市场科技金融	3	VC/PE 投资总金额	16.67
	4	股票筹资额	16.67
	5	风险投资机构数	16.67
	6	证券投资基金规模	16.67

本书认为，每个具体指标对科技金融综合指数的贡献程度同等重要，即 6 个具体指标的权重相等。在确定指标体系和指标权重之后，测度方法包含原始数据标准化和加权求和两部分。原始数据标准化是为了去量纲，从而使所有数据具有可比性。由于评价指标均为正向指标，本章采用极差标准化方法对原始数据进行无量纲化处理，由式（2-1）对经过无量纲化处理的各项指标进行加权合成，即得到上一级指标的综合得分。二级指标的权重为各自包含的三级指标的权重之和，一级指标的权重为各自包含的二级指标的权重之和，加权求和后最终得出科技金融综合指数。科技金融综合指数的计算公式为 $\frac{\sum X_i W_i}{\sum W_i}$。其中，$X_i$ 表示已经标准化处理过的各项指标的相对值，W_i 为各项指标的权重。

该部分数据来自历年《中国统计年鉴》、《中国证券期货统计年鉴》、《中国风险投资年鉴》、国家统计局、清科数据库、中小企业股份转让系统年报等。

三、耦合协调度模型的构建

物理学中的耦合度描述的是系统内子系统或要素彼此相互作用影响的程度。在此，本书借用这一物理学概念，假定科技创新与科技金融的综合指数分别为 Y_1 和 Y_2。从统计学意义来讲，两系统的耦合度与 Y_1 和 Y_2 的离差成反比例关系，即两系统的耦合度越高，则 Y_1 和 Y_2 的离差越小，反之亦然。因此，可通过计算 Y_1 和 Y_2 的离差来度量两系统的耦合度 C，即：

$$C=\frac{Y_1\times Y_2}{\left(\frac{Y_1+Y_2}{2}\right)^2} \tag{2-2}$$

如果使用离差表征耦合度，当两个子系统的发展水平同时较高或同时较低时，耦合度都会很高。但实际上，这两种情况下的协调意义并不一样。因此，为克服这种缺陷，需要对耦合度模型进行拓展，构建如下耦合协调度模型。

$$D=\sqrt{C\times T} \tag{2-3}$$

$$T=\alpha Y_1+\beta Y_2 \tag{2-4}$$

其中，D 为复合系统的耦合协调度；T 为科技金融系统与科技创新系统的综合协调指数；α 和 β 为待定参数，反映了两个系统的相对重要程度。本书认为两个系统同等重要，因此 $\alpha=\beta=0.5$。容易证明：$C\in$（0，1］，$D\in$（0，1］，且 D 越大，说明耦合协调度越高，反之则越小。

本书采用中值分段法，将耦合协调度分为 6 个等级，分别为优质耦合、中级耦合、勉强耦合、轻度失调、中度失调、严重失调，如表 2-3 所示。

表 2-3　耦合发展程度等级

耦合协调度	耦合协调度等级	Y_1 与 Y_2 的比值	耦合协调发展类型
$0.8<D\leqslant 1$	优质耦合	$Y_1/Y_2>1.1$	科技创新主导型优质耦合
		$0.9\leqslant Y_1/Y_2\leqslant 1.1$	同步发展型优质耦合
		$Y_1/Y_2<0.9$	科技金融主导型优质耦合

续表

耦合协调度	耦合协调度等级	Y_1 与 Y_2 的比值	耦合协调发展类型
$0.6 < D \leq 0.8$	中级耦合	$Y_1/Y_2 > 1.1$	科技创新主导型中级耦合
		$0.9 \leq Y_1/Y_2 \leq 1.1$	同步发展型中级耦合
		$Y_1/Y_2 < 0.9$	科技金融主导型中级耦合
$0.4 < D \leq 0.6$	勉强耦合	$Y_1/Y_2 > 1.1$	科技创新主导型勉强耦合
		$0.9 \leq Y_1/Y_2 \leq 1.1$	同步发展型勉强耦合
		$Y_1/Y_2 < 0.9$	科技金融主导型勉强耦合
$0.3 < D \leq 0.4$	轻度失调	$Y_1/Y_2 > 1.1$	科技创新主导型轻度失调
		$0.9 \leq Y_1/Y_2 \leq 1.1$	同步发展型轻度失调
		$Y_1/Y_2 < 0.9$	科技金融主导型轻度失调
$0.2 < D \leq 0.3$	中度失调	$Y_1/Y_2 > 1.1$	科技创新主导型中度失调
		$0.9 \leq Y_1/Y_2 \leq 1.1$	同步发展型中度失调
		$Y_1/Y_2 < 0.9$	科技金融主导型中度失调
$0 < D \leq 0.2$	严重失调	$Y_1/Y_2 > 1.1$	科技创新主导型严重失调
		$0.9 \leq Y_1/Y_2 \leq 1.1$	同步发展型严重失调
		$Y_1/Y_2 < 0.9$	科技金融主导型严重失调

第三节　中国科技创新与科技金融耦合（协同）分析

一、中国科技创新与科技金融综合指数测度

根据科技创新体系以及科技金融体系，测算中国 2000～2017 年的科技创新水平和科技金融水平，如表 2-4 所示。从结果可以看出，2000～2017 年，中国科技创新水平整体呈现上升趋势，科技创新综合指数从 2000 年的 0.0080 稳步增长到 2017 年的 1.000，可见中国的科技创新水平提升迅猛。

同时，2000～2017 年，中国科技金融水平也整体呈现上升趋势，在 2016 年科技金融综合指数达到峰值 0.8114，2017 年略有下降。从一级指标来看，

绝大多数年份的市场科技金融指数均高于公共科技金融指数。2017 年，市场科技金融指数达到峰值，为 0.9384；2016 年，公共科技金融指数达到峰值，为 0.7276。

表 2-4 2000～2017 年中国科技创新和科技金融综合指数

年份	科技创新				科技金融		
	综合指数	研发能力	创新产出	产业创新	综合指数	公共科技金融	市场科技金融
2000	0.0080	0.0000	0.0000	0.0279	0.0116	0.0052	0.0148
2001	0.0092	0.0246	0.0052	0.0000	0.0193	0.0239	0.0169
2002	0.0293	0.0848	0.0113	0.0008	0.0246	0.0328	0.0205
2003	0.0462	0.1197	0.0261	0.0027	0.0263	0.0408	0.0190
2004	0.0685	0.1673	0.0342	0.0212	0.0299	0.0333	0.0282
2005	0.1239	0.2390	0.0444	0.1279	0.0410	0.0310	0.0459
2006	0.1714	0.2857	0.1132	0.1445	0.0870	0.0439	0.1086
2007	0.2221	0.3250	0.1762	0.1881	0.2664	0.4171	0.1911
2008	0.2802	0.3909	0.2215	0.2577	0.2253	0.3897	0.1431
2009	0.3728	0.5312	0.3379	0.2669	0.2624	0.4130	0.1871
2010	0.4542	0.5928	0.4295	0.3525	0.3707	0.5046	0.3038
2011	0.5439	0.6721	0.5169	0.4560	0.2737	0.2345	0.2932
2012	0.6448	0.7834	0.6261	0.5342	0.2667	0.2425	0.2788
2013	0.7176	0.8635	0.6750	0.6355	0.2860	0.2686	0.2946
2014	0.7683	0.9046	0.7131	0.7147	0.4077	0.2921	0.4654
2015	0.8648	0.9266	0.8568	0.8149	0.5835	0.3582	0.6961
2016	0.9301	0.9668	0.9091	0.9250	0.8114	0.7276	0.8533
2017	1.0000	1.0000	1.0000	1.0000	0.7523	0.3800	0.9384

注：因四舍五入原因，计算所得数值有时与实际数值有些微出入，特此说明。

二、中国科技创新与科技金融的耦合协调度测度

测算出中国 2000～2017 年科技创新综合指数和科技金融综合指数之后，根据耦合协调度的相关计算公式，测算出中国 2000～2017 年的科技创新与科技金融的耦合协调度（表 2-5），并且根据其数值范围划分为不同程度的耦合协调发展类型。

表 2-5　2000～2017 年中国科技创新与科技金融的耦合协调度测算表

年份	综合协调指数 T	耦合度 C	耦合协调度 D	科技创新综合指数/科技金融综合指数	耦合协调发展类型
2000	0.0098	0.9663	0.0972	0.6896	科技金融主导型严重失调
2001	0.0143	0.8765	0.1118	0.4767	科技金融主导型严重失调
2002	0.0270	0.9925	0.1636	1.1911	科技创新主导型严重失调
2003	0.0362	0.9244	0.1829	1.7567	科技创新主导型严重失调
2004	0.0492	0.8463	0.2041	2.2897	科技创新主导型中度失调
2005	0.0824	0.7469	0.2481	3.0247	科技创新主导型中度失调
2006	0.1292	0.8933	0.3398	1.9702	科技创新主导型轻度失调
2007	0.2443	0.9918	0.4922	0.8338	科技金融主导型勉强耦合
2008	0.2528	0.9882	0.4998	1.2440	科技创新主导型勉强耦合
2009	0.3176	0.9698	0.5550	1.4207	科技创新主导型勉强耦合
2010	0.4125	0.9898	0.6389	1.2250	科技创新主导型中级耦合
2011	0.4088	0.8908	0.6034	1.9873	科技创新主导型中级耦合
2012	0.4558	0.8279	0.6143	2.4177	科技创新主导型中级耦合
2013	0.5018	0.8150	0.6395	2.5093	科技创新主导型中级耦合
2014	0.5880	0.9059	0.7298	1.8847	科技创新主导型中级耦合
2015	0.7241	0.9623	0.8347	1.4822	科技创新主导型优质耦合
2016	0.8708	0.9954	0.9310	1.1462	科技创新主导型优质耦合
2017	0.8761	0.9800	0.9266	1.3293	科技创新主导型优质耦合

如图 2-1 所示，从测算结果看出，2000～2017 年，中国科技创新与科技金融的耦合协调度整体呈上升趋势，仅在 2011 年和 2017 年略有下降，可见中国科技创新与科技金融的耦合协调度越来越高。具体而言，2000～2003 年，中国科技创新与科技金融的耦合协调度低于 0.2，处于严重失调阶段；2004～2005 年的耦合协调度在 0.2～0.3，为中度失调；2006 年耦合协调度为 0.3398，为轻度失调；2007～2009 年耦合协调度在 0.4～0.6，达到勉强耦合；2010～2014 年耦合协调度处于 0.6～0.8，达到中级耦合；2015～2017 年，耦合协调

度均高于 0.8，达到优质耦合，其中在 2016 年中国科技创新与科技金融的耦合协调度达到峰值，为 0.9310。

另一方面，2000 年、2001 年和 2007 年科技创新综合指数与科技金融综合指数的比值低于 0.9，表现为科技金融主导型，其余年份科技创新综合指数与科技金融综合指数的比值均高于 1.1，为科技创新主导型。

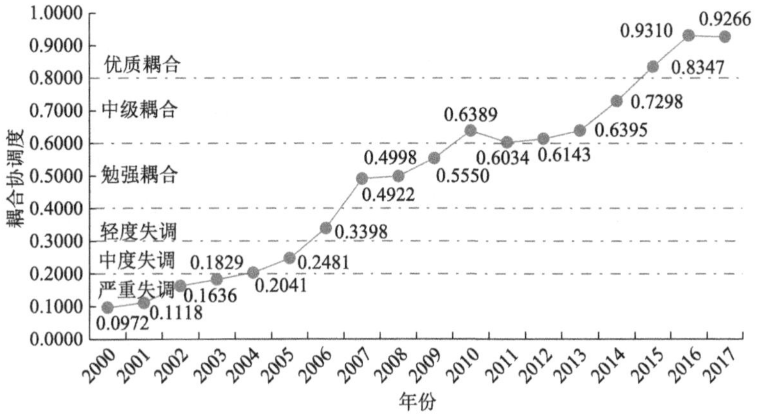

图 2-1 2000～2017 年中国科技创新与科技金融的耦合协调度

三、研究发现

中国科技创新与科技金融的耦合协调度整体呈上升趋势。根据 2000～2017 年长时间序列的测算结果，中国科技创新与科技金融综合指数的耦合协调度仅在 2011 年和 2017 年略有下降，其余年份均呈现显著的上升趋势，表明中国科技创新与科技金融在发展过程中的耦合度越来越高。2010～2014 年，中国科技创新与科技金融已达到中级耦合，2015～2017 年中国科技创新与科技金融已经达到优质耦合。

中国科技创新水平对耦合协调度的决定作用更大。2000～2017 年，随着时间的推移，中国整体的科技创新水平强于科技金融水平，科技金融的发展速度较慢，水平也较低。在绝大多数年份中，科技创新综合指数与科技金融综合指数的比值均高于 1.1，属于科技创新主导型，仅 2000 年、2001 年和 2007 年科技创新与科技金融的耦合协调度表现为科技金融主导型。

第四节 中国公共科技金融、市场科技金融与科技创新耦合协同分析

一、中国公共科技金融与科技创新耦合协调度测度

公共科技金融主要是指以政府为主体向科技创新投入的资金，主要包括财政资金、创新补贴、政策性贷款、科技计划资金等，具有稳定性、可持续等特征。根据相关数据，测算出中国2000～2017年公共科技金融与科技创新的耦合协调度，如表2-6所示。

对于公共科技金融而言，其与科技创新的耦合协调度整体呈现上升趋势，表明公共科技金融与科技创新之间的相互作用关系更加紧密。具体而言，2000～2002年，中国公共科技金融与科技创新处于严重失调阶段；2003～2006年处于中度失调阶段；2007～2008年、2011～2012年处于勉强耦合阶段；2009～2010年、2013～2015年、2017年处于中级耦合阶段；2016年中国公共科技金融与科技创新达到优质耦合。

表2-6 2000～2017年中国公共科技金融与科技创新的耦合协调度测算

年份	公共科技金融指数	科技创新综合指数	综合协调指数 T	耦合度 C	耦合协调度 D	耦合协调度等级
2000	0.0052	0.0080	0.0066	0.9549	0.0793	严重失调
2001	0.0239	0.0092	0.0166	0.8042	0.1155	严重失调
2002	0.0328	0.0293	0.0311	0.9968	0.1760	严重失调
2003	0.0408	0.0462	0.0435	0.9962	0.2081	中度失调
2004	0.0333	0.0685	0.0509	0.8801	0.2116	中度失调
2005	0.0310	0.1239	0.0774	0.6407	0.2228	中度失调
2006	0.0439	0.1714	0.1077	0.6494	0.2644	中度失调
2007	0.4171	0.2221	0.3196	0.9069	0.5384	勉强耦合
2008	0.3897	0.2802	0.3350	0.9733	0.5710	勉强耦合
2009	0.4130	0.3728	0.3929	0.9974	0.6260	中级耦合

续表

年份	公共科技金融指数	科技创新综合指数	综合协调指数 T	耦合度 C	耦合协调度 D	耦合协调度等级
2010	0.5046	0.4542	0.4794	0.9972	0.6914	中级耦合
2011	0.2345	0.5439	0.3892	0.8420	0.5725	勉强耦合
2012	0.2425	0.6448	0.4436	0.7944	0.5936	勉强耦合
2013	0.2686	0.7176	0.4931	0.7928	0.6252	中级耦合
2014	0.2921	0.7683	0.5302	0.7983	0.6506	中级耦合
2015	0.3582	0.8648	0.6115	0.8284	0.7117	中级耦合
2016	0.7276	0.9301	0.8289	0.9851	0.9036	优质耦合
2017	0.3800	1.0000	0.6900	0.7981	0.7421	中级耦合

二、中国市场科技金融与科技创新耦合协调度测度

市场科技金融主要是各类市场主体从外部市场获取的资金，主要包括商业银行贷款，以及从风险投资机构以及资本市场取得的股权性融资、债券性融资等，具有市场性、竞争性等特征。根据相关数据，测算出中国2000～2017年中国市场科技金融与科技创新之间的耦合协调度，如表2-7所示。

表2-7　2000～2017年中国市场科技金融与科技创新的耦合协调度测算

年份	市场科技金融指数	科技创新综合指数	综合协调指数 T	耦合度 C	耦合协调度 D	耦合协调度等级
2000	0.0148	0.0080	0.0114	0.9110	0.1018	严重失调
2001	0.0169	0.0092	0.0131	0.9138	0.1094	严重失调
2002	0.0205	0.0293	0.0249	0.9691	0.1554	严重失调
2003	0.0190	0.0462	0.0326	0.8261	0.1640	严重失调
2004	0.0282	0.0685	0.0484	0.8268	0.2000	严重失调
2005	0.0459	0.1239	0.0849	0.7892	0.2588	中度失调
2006	0.1086	0.1714	0.1400	0.9496	0.3646	轻度失调
2007	0.1911	0.2221	0.2066	0.9943	0.4532	勉强耦合
2008	0.1431	0.2802	0.2117	0.8950	0.4352	勉强耦合
2009	0.1871	0.3728	0.2800	0.8900	0.4992	勉强耦合

续表

年份	市场科技金融指数	科技创新综合指数	综合协调指数 T	耦合度 C	耦合协调度 D	耦合协调度等级
2010	0.3038	0.4542	0.3790	0.9606	0.6034	中级耦合
2011	0.2932	0.5439	0.4186	0.9104	0.6173	中级耦合
2012	0.2788	0.6448	0.4618	0.8430	0.6240	中级耦合
2013	0.2946	0.7176	0.5061	0.8254	0.6463	中级耦合
2014	0.4654	0.7683	0.6169	0.9397	0.7614	中级耦合
2015	0.6961	0.8648	0.7804	0.9883	0.8782	优质耦合
2016	0.8533	0.9301	0.8917	0.9981	0.9434	优质耦合
2017	0.9384	1.0000	0.9692	0.9990	0.9840	优质耦合

对于市场科技金融而言，其与科技创新的耦合度也整体呈现上升趋势，在个别年份略有下降，耦合协调度的变化趋势与公共科技金融基本一致。具体而言，2000～2004 年，中国市场科技金融与科技创新的耦合协调度处于严重失调阶段；2005 年，中国市场科技金融与科技创新的耦合协调度处于中度失调阶段；2006 年，中国市场科技金融与科技创新的耦合协调度处于轻度失调阶段；2007～2009 年，中国市场科技金融与科技创新的耦合协调度处于勉强耦合阶段；2010～2014 年，中国市场科技金融与科技创新的耦合协调度处于中级耦合阶段；2015～2017 年，中国市场科技金融与科技创新的耦合协调度达到优质耦合。

三、研究发现

2000～2017 年，中国公共科技金融、市场科技金融与科技创新的耦合协调度整体均越来越高。如图 2-2 所示，2001～2017 年，中国公共科技金融与科技创新的耦合协调度从严重失调稳步提升，2016 年达到优质耦合；市场科技金融与科技创新的耦合协调度也从刚开始的严重失调稳步提升，2015～2017 年达到优质耦合。可见，随着中国的不断发展，科技创新整体水平和科技金融整体水平都在稳步提升，公共科技金融、市场科技金融与科技创新之间的相互作用关系也更加紧密，耦合协调度越来越强。同时，中国公共科技金融、市场科技金融与科技创新之间耦合协调度的变化发展趋势基本一致，表明公共科技金融和市场科技金融的发展较为均衡。

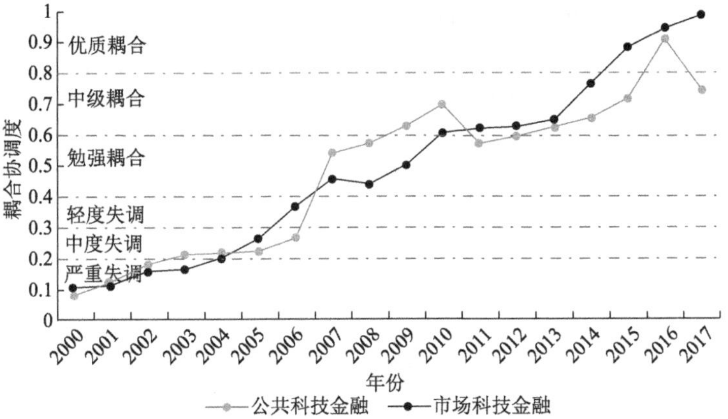

图 2-2　2000～2017 年中国公共科技金融、市场科技金融与科技创新的耦合协调度

与公共科技金融相比，市场科技金融对科技创新的促进力度更强。从结果可以看出，2010 年之后，市场科技金融与科技创新的耦合协调度均高于公共科技金融，表明在科技金融和科技创新的耦合协调度中，市场科技金融的贡献程度更大，市场科技金融对科技创新的促进力度更强。究其原因，市场科技金融更多地以营利为导向，资金效率更高，效果更好，而公共科技金融由其非营利性等特征决定了资金使用效率相对较低，对科技创新的促进程度相对较弱。

公共科技金融对科技创新的发展也起到越来越重要的促进作用，2000～2010 年，公共科技金融与科技创新的耦合协调度持续上升，虽然 2011 年有所下降，但随后仍保持持续上升态势，特别是在 2016 年公共科技金融与科技创新达到优质耦合。

第五节　各省（自治区、直辖市）科技金融与科技创新耦合协同分析

一、各省（自治区、直辖市）科技创新与科技金融综合指数测度

根据指标体系，利用 2017 年各省（自治区、直辖市）的相关数据，本书测算了中国 31 个省（自治区、直辖市）科技创新水平以及科技金融水平，如表 2-8 所示。

表 2-8 2017 年各省（自治区、直辖市）科技创新与科技金融综合指数

排名	科技创新		科技金融	
	地区	科技创新综合指数	地区	科技金融综合指数
1	广东	0.7445	北京	0.8817
2	江苏	0.6337	广东	0.6628
3	北京	0.6255	上海	0.5554
4	浙江	0.3818	江苏	0.3443
5	上海	0.3228	浙江	0.3404
6	山东	0.3179	安徽	0.2508
7	湖北	0.2039	山东	0.2131
8	四川	0.1927	天津	0.2065
9	陕西	0.1808	湖北	0.2063
10	安徽	0.1760	福建	0.1862
11	河南	0.1675	吉林	0.1615
12	天津	0.1629	河南	0.1475
13	福建	0.1538	江西	0.1462
14	湖南	0.1486	贵州	0.1462
15	辽宁	0.1325	四川	0.1383
16	重庆	0.1305	陕西	0.1247
17	河北	0.0978	河北	0.1132
18	江西	0.0828	湖南	0.0923
19	黑龙江	0.0736	重庆	0.0762
20	吉林	0.0673	黑龙江	0.0668
21	山西	0.0525	辽宁	0.0640
22	广西	0.0504	山西	0.0628
23	云南	0.0488	新疆	0.0590
24	甘肃	0.0482	云南	0.0587
25	贵州	0.0360	甘肃	0.0548
26	内蒙古	0.0305	宁夏	0.0525
27	宁夏	0.0276	广西	0.0462

续表

排名	科技创新		科技金融	
	地区	科技创新综合指数	地区	科技金融综合指数
28	新疆	0.0191	海南	0.0311
29	青海	0.0153	内蒙古	0.0297
30	海南	0.0118	西藏	0.0234
31	西藏	0.0005	青海	0.0195

从结果可以看出，对于科技创新综合指数而言，广东科技创新综合指数最高，为 0.7445，其次为江苏、北京、浙江、上海。对于科技金融综合指数而言，北京科技金融综合指数最高，为 0.8817，其次为广东、上海、江苏、浙江。可见，科技创新和科技金融综合指数排名前五的省（自治区、直辖市）一致，但是位次略有差别。同时，我国各省（自治区、直辖市）的科技创新和科技金融发展并不均衡，绝大多数省（自治区、直辖市）的科技创新综合指数和科技金融综合指数均处于较低水平，与北京、上海等地的差距较大。

二、各省（自治区、直辖市）科技创新与科技金融耦合协调度测度

根据耦合协调度模型，测算出中国 31 个省（自治区、直辖市）2017 年度科技创新与科技金融的协调度，如表 2-9 所示。

从测算结果可以看出，目前我国绝大多数省（自治区、直辖市）科技创新与科技金融的耦合协调度并不高，仅有北京、广东两个省（直辖市）的科技创新与科技金融处于优质耦合阶段，江苏、上海两个省（直辖市）处于中级耦合阶段；山东、安徽、湖北、天津、福建、四川、浙江 7 个省（直辖市）处于勉强耦合阶段；河南、陕西、湖南、江西、河北、重庆、吉林等 7 个省（直辖市）处于轻度失调阶段；辽宁、黑龙江、贵州、山西、云南、甘肃、广西 7 个省（自治区）处于中度失调阶段；宁夏、内蒙古、新疆、青海、海南、西藏等 6 个省（自治区）处于严重失调阶段，其中西藏科技创新与科技金融的耦合协调度最低，处于严重失调阶段。

表 2-9 2017 年各省（自治区、直辖市）科技创新与科技金融的耦合协调度测算

地区	综合协调指数 T	耦合度 C	耦合协调度 D	科技创新综合指数/科技金融综合指数	耦合协调发展类型
北京	0.7536	0.9711	0.8555	0.7094	科技金融主导型优质耦合
天津	0.1847	0.9861	0.4268	0.7890	科技金融主导型勉强耦合
河北	0.1055	0.9947	0.3240	0.8639	科技金融主导型轻度失调
山西	0.0576	0.9920	0.2391	0.8360	科技金融主导型中度失调
内蒙古	0.0301	0.9998	0.1734	1.0267	同步发展型严重失调
辽宁	0.0983	0.8784	0.2938	2.0708	科技创新主导型中度失调
吉林	0.1144	0.8306	0.3083	0.4168	科技金融主导型轻度失调
黑龙江	0.0702	0.9976	0.2646	1.1028	科技创新主导型中度失调
上海	0.4391	0.9298	0.6390	0.5812	科技金融主导型中级耦合
江苏	0.4890	0.9124	0.6680	1.8406	科技创新主导型中级耦合
浙江	0.3611	0.9967	0.6000	1.1215	科技创新主导型勉强耦合
安徽	0.2134	0.9693	0.4548	0.7018	科技金融主导型勉强耦合
福建	0.1700	0.9909	0.4105	0.8260	科技金融主导型勉强耦合
江西	0.1145	0.9233	0.3251	0.5663	科技金融主导型轻度失调
山东	0.2655	0.9610	0.5051	1.4922	科技创新主导型勉强耦合
河南	0.1575	0.9960	0.3960	1.1359	科技创新主导型轻度失调
湖北	0.2051	1.0000	0.4528	0.9884	同步发展型勉强耦合
湖南	0.1205	0.9452	0.3374	1.6111	科技创新主导型轻度失调
广东	0.7036	0.9966	0.8374	1.1233	科技创新主导型优质耦合
广西	0.0483	0.9981	0.2196	1.0922	同步发展型中度失调
海南	0.0215	0.7979	0.1308	0.3798	科技金融主导型严重失调
重庆	0.1034	0.9309	0.3102	1.7134	科技创新主导型轻度失调
四川	0.1655	0.9729	0.4013	1.3939	科技创新主导型勉强耦合
贵州	0.0911	0.6341	0.2403	0.2462	科技金融主导型中度失调
云南	0.0537	0.9916	0.2309	0.8324	科技金融主导型中度失调
西藏	0.0119	0.0801	0.0309	0.0209	科技金融主导型严重失调
陕西	0.1527	0.9663	0.3842	1.4493	科技创新主导型轻度失调
甘肃	0.0515	0.9959	0.2264	0.8795	科技金融主导型中度失调

续表

地区	综合协调指数 T	耦合度 C	耦合协调度 D	科技创新综合指数/科技金融综合指数	耦合协调发展类型
青海	0.0174	0.9856	0.1310	0.7859	科技金融主导型严重失调
宁夏	0.0400	0.9039	0.1903	0.5266	科技金融主导型严重失调
新疆	0.0390	0.7391	0.1699	0.3238	科技金融主导型严重失调

同时，不同省（自治区、直辖市）科技创新与科技金融耦合度的主导类型也不尽相同。这表明，不同地区的科技金融和科技创新对最终的耦合协调度的贡献程度不同，有的地区的科技金融对最终耦合协调度的贡献程度更高，而有的地区的科技创新对最终耦合协调度的贡献程度更高。

如表 2-9 所示，在优质耦合的两个省（直辖市）中，北京属于科技金融主导型，更高的科技金融综合指数造就了其更高的耦合协调度，而广东则属于科技创新主导型，更高的科技创新综合指数造就了其更高的耦合协调度。

在中级耦合的两个省（直辖市）中，上海属于科技金融主导型，较高的科技金融综合指数造就了其较高的耦合协调度，江苏则属于科技创新主导型，科技创新综合指数对其耦合协调度的贡献更大。

在勉强耦合的 7 个省（直辖市）中，四川、山东、浙江属于科技创新主导型，天津、福建、安徽属于科技金融主导型，而湖北则属于同步发展型，即湖北科技创新综合指数与科技金融综合指数对耦合度的贡献相对一致。

在轻度失调的 7 个省（直辖市）中，河南、陕西、湖南、重庆等属于科技创新主导型，较低的科技创新综合指数造就了其轻度失调的耦合协调度，江西、河北、吉林等属于科技金融主导型，较低的科技金融综合指数造就了其轻度失调的耦合协调度。

在中度失调的 7 个省（自治区）中，贵州、山西、云南、甘肃均属于科技金融主导型，更低的科技金融综合指数对失调的贡献更大；广西属于同步发展型，广西科技创新综合指数和科技金融综合指数对耦合协调度的贡献基本一致；辽宁、黑龙江属于科技创新主导型，更低的科技创新综合指数对中度失调的耦合协调度贡献更大。

在严重失调的 6 个省（自治区）中，宁夏、新疆、青海、海南、西藏均属于科技金融主导型，低的科技金融综合指数对其严重失调的耦合协调度贡献更大，而内蒙古属于同步发展型，内蒙古科技创新综合指数和科技金融综合指数均较低，对其耦合协调度的贡献基本一致（图 2-3）。

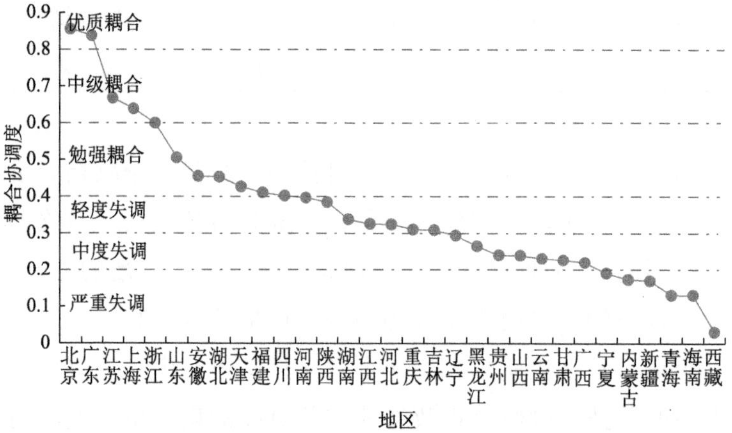

图 2-3　2017 年各省（自治区、直辖市）科技创新与科技金融耦合协调度

三、研究发现

科技创新与科技金融的耦合协调度与经济发展水平息息相关。从测算结果可以看出，2017 年，31 个省（自治区、直辖市）中，仅有北京、广东两个省（直辖市）的科技创新与科技金融处于优质耦合阶段，江苏、上海两个省（直辖市）处于中级耦合阶段。这些省（直辖市）均是经济发达的地区，而耦合协调度处于严重失调的省（自治区）有宁夏、内蒙古、新疆、青海、海南、西藏等，这些均是我国经济发展水平较低的地区。因此，可以看出，科技创新与科技金融的耦合协调度与一个地区的经济水平息息相关。经济水平高的地区一般科技创新水平较高，科技金融的发展也较好，其耦合协调度相对更高，而对于那些经济水平较低的地区，其科技金融、科技创新的发展水平也较弱，不利于科技创新和科技金融的耦合发展。

科技创新与科技金融发展的不均衡性是地区耦合协调度不高的主因。在 31 个省（自治区、直辖市）中，仅有 3 个地区处于同步发展型，即科技创新和科技金融的整体发展水平趋向一致，剩余 28 个地区的科技创新和科技金融发展水平并不协调，有的地区表现为科技创新主导型，有的地区表现为科技金融主导型。如贵州的科技金融综合指数为 0.1462，在 31 个省（自治区、直辖市）中排第 14 位，处于中等水平，其科技创新综合指数仅为 0.0360，排第 25 位，与科技金融综合指数的排名相差 11 个名次，较弱的科技创新水平导致了其中度失调的耦合协调度。再如辽宁，其科技创新综合指数为 0.1325，处于中等水平，而其科技金融综合指数仅为 0.0640，科技金融发展水平较弱，导致了中度失调的耦合协调度。

第六节　相关政策建议

在上述各项科技创新与科技金融协调度详细分析的基础上，为了更好地推动中国科技创新和科技金融的耦合发展，结合各省（自治区、直辖市）不同的发展类型，提出如下研究建议，为各省（自治区、直辖市）科技创新和科技金融的耦合发展提供决策参考。

一、完善科技创新和科技金融耦合发展的政策体系

目前，推动科技创新与科技金融融合发展、协调发展、良性互动的相关政策法规并不多，很多省（自治区、直辖市）均缺乏指导科技与金融融合发展的政策体系。构建科技创新与科技金融协调发展的政策法规，并在多方面、多维度形成政策体系，对促进科技创新和科技金融的耦合发展具有重要作用，能够为科技创新和科技金融的发展提供良好的法律保障。具体而言，一方面，需要明确科技金融对科技创新的促进作用，完善风险投资、银行信贷、股权债权融资等方面的政策法律，让金融更好地为科技创新助力；另一方面，还需要完善知识产权保护、企业信用体系建设、科技成果转化等工作，保障企业的科技创新活力，促进科技产品产业化和市场化。

二、促进科技创新水平和科技金融水平的协调发展

科技创新和科技金融水平的同步协调提升对两者耦合协调度的提高至关重要。目前，中国的科技创新和科技金融发展水平并不协调，在很多省（自

治区、直辖市）中两者的发展也不均衡，存在“重创新、轻金融”或者“重金融、轻创新”等问题。因此，应当促进科技创新和科技金融的同步发展，特别是需要更加注重科技金融方面的投入、科技金融发展水平的提升，充分发挥科技金融对科技创新的推动作用。具体而言，各个地区在推动科技创新发展、提升科技创新水平的同时，应当更多地考虑科技金融的部分要素，将科技金融系统中的部分指标作为衡量科技创新水平的重要部分，细化科技金融的组成方面，重视科技金融与科技创新的协调发展和提升。

三、强化公共科技金融和市场科技金融对科技创新的促进作用

公共科技金融和市场科技金融对科技创新均起到重要的促进作用，两者相辅相成，缺一不可。一方面，应强化公共科技金融对科技创新的推动作用。政府应当通过稳定地向科技创新领域投入科技财政资金，以及增加科技贷款、科技计划等方式支持科技创新发展，同时将财政资金更加精准地投向科技创新领域，提高公共金融的利用效率，不断提高公共科技金融与科技创新的耦合度。另一方面，要完善多元金融支撑体系，大力发展市场科技金融，发挥多层资本市场的作用，构建多层次的股权投资、风险投资结构，构建完善的科技型创新企业服务融资体系，加大对科技创新企业的融资力度。同时，强化公共科技金融和市场科技金融之间的合作，更有效地发挥各类科技资金的作用。

四、结合实际，扬长避短，有的放矢，提升科技创新和科技金融耦合水平

从测算结果可以看出，不同省（自治区、直辖市）之间的耦合协调度差距较大，同时不同省（自治区、直辖市）科技创新和科技金融耦合的主导类型也不同，有的为科技创新主导型，有的为科技金融主导型，有的则为同步发展型。对于耦合协调度较高的省（自治区、直辖市），应当不断推进科技创新和科技金融协同发展，使其逐步向同步型耦合发展。对于耦合协调度较低的省（自治区、直辖市），如果是科技创新主导型，则表明该地区科技创新的发展弱于科技金融的发展水平，应当更加重视科技创新的发展，从而带动耦合协调度的提升；如果是科技金融主导型，则应当重视该地区科技金融

的发展，从而推动耦合协调度的提升；如果是同步发展型，则表明该地区科技创新与科技金融的发展阶段趋于一致，但均处于较低水平，应当重视二者的同步提升。

参考文献

国家统计局. 2018. 2018 中国统计年鉴. 北京：中国统计出版社.

和瑞亚，张玉喜. 2014. 区域科技创新系统与公共金融系统耦合协调评价研究：基于中国 28 个省级区域的实证分析. 科技进步与对策，(7)：31-37.

佟金萍，陈国栋，曹倩. 2016. 区域科技创新、科技金融与科技贸易的耦合协调研究. 金融发展研究，(6)：18-23.

童藤. 2013. 金融创新与科技创新的耦合研究. 武汉理工大学博士学位论文.

王环. 2014. 环渤海经济圈科技创新与科技金融耦合研究. 中国海洋大学硕士学位论文.

王卉彤，刘靖，雷丹. 2014. 新旧两类产业耦合发展过程中的科技金融功能定位研究. 管理世界，(2)：178-179.

王仁祥，杨曼. 2015. 科技创新与金融创新耦合关系及其对经济效率的影响：来自 35 个国家的经验证据. 软科学，(1)：33-36，41.

徐玉莲，王玉冬，林艳. 2011. 区域科技创新与科技金融耦合协调度评价研究. 科学学与科学技术管理，32(12)：116-122.

张林，李雨田. 2015. 金融发展与科技创新的系统耦合机理及耦合协调度研究. 南方金融，(11)：53-61.

张芷若，谷国锋. 2019. 科技金融对区域经济增长的影响：基于空间计量经济学方法. 工业技术经济，(9)：131-139.

中国科学技术发展战略研究院. 2017. 国家创新指数报告 2016—2017. 北京：科学技术文献出版社.

中华人民共和国中央人民政府. 2019. 国家统计局解读 2018 年中国创新指数. http://www.gov.cn/shuju/2019-10/24/content_5444446.htm[2019-10-24].

第三章　我国科技金融发展的新业态和新模式研究

科技金融是向科技创新活动提供融资资源的政府、企业、市场和社会中介机构等主体，以及在科技创新融资过程中的行为活动组成的体系，是一个国家的社会经济发展到一定阶段后，科技创新活动与金融资源配置之间形成的相互融合、共同促进的系统性、整体性制度安排。目前，全国各省（自治区、直辖市）都加大了创新发展力度，创新驱动发展更离不开金融资本的大力支持。随着互联网、大数据、区块链等新技术的涌现，科技金融逐步呈现出新的发展业态，这种新业态和新模式的发展也进一步推动了科技金融服务创新的力度，从而进一步促进了国家高质量发展和区域可持续发展。

第一节　科技金融新业态相关理论分析

科技金融主要业态类型包括：科技信贷、创业投资/股权投资、投贷联动、科技保险、企业债等，以及征信、登记结算、信用评级、资产评估、专业咨询等中介服务。科技金融新业态是指现有科技金融业态类型在新形势下产生的新变化，比如在投资主体、投资趋势、资金来源、投资风险、投资效益等多方面的变化。

从互联网、大数据、区块链等技术发展角度看，基于大数据、云计算、人工智能的业态和模式都有不同创新形态。目前，大数据金融、众筹金融、信息化金融、互联网金融门户、互联网金融风控及配套服务等诸多领域诞生了一系列新业态。表 3-1 从企业发展的不同生命周期阶段视角来分析企业在种子期、初创期、成长期、扩张期、成熟期、衰退期等不同阶段的主要融资方式。

表 3-1　不同生命周期阶段科技企业的主要融资方式

生命周期	种子期	初创期	成长期	扩张期	成熟期	衰退期
融资方式	自有资金；政府扶持资金；科技银行	天使投资；孵化器；政府科技资助；科技银行；科技型中小企业集合债券融资；新三板上市融资	中小额贷款；风险投资；信贷融资；可转换债券；创业板上市融资	债券融资	股权融资；主板上市融资；银行贷款	并购重组；资产证券化

第二节　科技金融新业态的特点与发展趋势分析

科技金融发展的新业态方兴未艾。从国内外发展看，科技金融新业态的发展总体呈现出诸多特点及趋势。本书基于理论分析和实际案例研究，总结了科技金融新业态的发展特点与趋势，主要包括八个方面。

一、政府基金设置由侧重产业发展的引导基金逐步向创新前端的基础研究和前孵化阶段转变，撬动社会资本的方式也更加多元化

政府通过出台相关税收政策，鼓励社会资本和个人投资者参与投资早期的科技企业或项目，并以抵扣个人所得税、资本利得税等方式给予间接引导。这是科技金融发展新业态的一个主要特点。为鼓励区域层面的创新发展，政府在区域层面都设置了各类引导基金、成果转化基金等。随着科技创新发展越来越迅速，一些地方也设置了科技创新基金。这类科技创新基金主要面向基础研究、成果转化和产业化三个阶段进行投资，同时关注的重点也逐步向着创新链条和产业链条的前端转移。

（一）北京科技创新基金

以北京科技创新基金为例。2018 年 6 月 24 日，北京科技创新基金启动，这是国内规模较大、期限最长的政府引导基金，将重点投资新一代信息技术、纳米技术、大数据、人工智能等“高端硬技术”领域；其母基金规模为 300 亿元，拟通过放大母基金和子基金，使得未来基金总规模达到 1000 亿元（任敏，2018）。该基金重点投资领域包括光电科技、新一代信息技术、纳米技

术、战略性新材料、新能源、生物医药、智能制造、现代农业、现代交通业、节能环保、脑认知与类脑智能、量子计算与量子通信、大数据、人工智能等14个高端硬技术行业。

北京科技创新基金投资分原始创新、成果转化、“高精尖”产业三个阶段，各阶段的母基金投资分配比例为5∶3∶2（任敏，2018）。为适应原始创新周期长的特点，地方设置的科技创新基金投资原始创新的子基金存续期相对较长，为10～15年，同时对投资原始创新阶段项目，政府出资部分设计了利益让渡政策，原则上以“本金+利息”的方式退出，以鼓励社会资本参与早期的原始创新投资。北京市科学技术委员会、中关村科技园区管理委员会与北京市经济和信息化委员会将分别指导这三个阶段的投资管理工作。在原始创新阶段，重点投资高校院所和人才团队所拥有的高端硬技术原始创新、前端应用研究，引导具有市场预期、符合首都战略定位的重大科技成果在北京落地孵化；在成果转化阶段，重点引导国内外优秀的天使投资机构、创业投资机构，以社会资本为主体，投入前沿科技和重大原创科技成果转化，支持创新创业、孵化培育和企业快速发展；在“高精尖”产业阶段，重点和龙头企业合作，引导社会资本，围绕全国科技创新中心建设总体布局和“高精尖”经济结构部署，聚焦新兴领域、高端环节，推动高精尖产业领域企业通过技术改造和重组实现优化调整和做优做强，鼓励行业重点企业对接资本市场，通过兼并收购来加快整合科技创新资源，加快构建高精尖经济结构。

截至2018年6月20日，北京科技创新基金团队已储备子基金102只。从未来愿景看，北京科技创新基金将聚焦10个以上高精尖产业，促进产业结构升级；投资不少于100只国内外优秀基金，形成金融生态；在项目上，形成不少于1000亿元的总投资规模，实现市场引领放大作用；最终，通过这些投资，力争实现万亿元级产值，形成新经济支撑动能。

（二）成都科技创新基金

为引导民间资本，放大财政资金的杠杆作用，2012年6月，成都高新区管理委员会办公室印发《成都高新区创业天使投资基金管理办法》，出资8000万元，与中国进出口银行合资设立了规模为15亿元的“银科创投引导基金”。

其中，天使投资基金 6000 万元，由成都高新投资集团有限公司代管；天使投资风险补助专项资金 2000 万元，由成都经贸发展局（金融办）管理（张俊芳，2017）。2014 年 10 月，成都市科学技术局、成都市财政局出台《成都市科技创业天使投资引导资金管理暂行办法》，由成都市财政局出资 2.3 亿元（张俊芳，2017），设立“成都市科技创业天使投资引导资金”，由成都生产力促进中心负责日常管理运行。2016 年 6 月，成都市人民政府印发《成都市政府投资基金暂行管理办法》，进一步加强对政府引导基金的指导与规范工作。以成都市内科技企业为主体，“成都市科技创业天使投资引导资金”主要集中于初创期和种子期项目，且要求投资于成都市初创期、种子期的科技企业的资金规模不低于“成都市科技创业天使投资引导资金”出资额的两倍。

成都地区的政府创投引导基金充分发挥了财政资金的引导作用，通过撬动社会资本，使其参与支持成都处于初创期、种子期的科技企业发展，缓解了科技企业融资难、融资贵问题，并取得了显著成效。截至 2017 年初，成都“银科创投引导基金”吸引民间资金发起设立德同银科、维梧生技等 12 只子基金，募资规模逾 40 亿元，放大财政资金杠杆 66 倍；在政府引导基金政策下，高新区引进国内外知名股权投资机构 64 家，注册资本金达 150 亿元，管理资金规模超过 330 亿元；依托成都高新投资集团有限公司，成都“银科创投引导基金”帮助 15 个重大产业化项目获得财政性产业投资资金 54.5 亿元；成都“银科创投引导基金”累计帮助高新区内 100 余家科技型中小企业获得各类风险投资 30 亿元以上，并购重组 20 多起；“成都市科技创业天使投资引导资金”已吸引民间资金，发起设立成都盈创兴科创业投资合伙企业等 10 只天使投资基金，引导资金出资 1.749 亿元，组建基金总规模 9.836 亿元，放大财政资金杠杆 5.6 倍（张俊芳，2017）。

二、风险投资逐步从关注短期效益向关注长期效益转变，耐心资本逐步增加，同时风险投资的来源也更加多元化

未来，风险投资公司所投资的行业不再仅限于电子、软件、信息技术等高新技术产业，对传统产业的投资将越来越多，投资占比也会逐渐加大。金

融、能源、医药及环保等行业在未来也将得到风险投资公司的青睐。

未来，投资阶段将逐步向起步期甚至种子期转移。风险投资在带来高收益的同时，也必然带来高风险。相对而言，创业公司处于种子期阶段时由于未来不清晰，不确定因素相对于成长期来说明显增多。风险投资公司为了获取更高收益，未来将不再仅限于投资成长期的公司，投资阶段有向种子期阶段的公司倾斜的趋势。

未来，风险资本来源将越发多样化。当前我国企业的风险资金主要来源于个人、企业以及国有独资机构。随着高新技术的发展以及技术更新迭代速度的加快，越来越多的创新型公司成立，这也加大了对市场资本的需求。为了满足市场资本的需求，风险投资机构将把目光投到政府、上市公司、银行以及境外等融资渠道上，以获取更多资本。

（一）深圳市科技金融实践案例

深圳市在科技金融方面勇于创新、积极探索，财政科技资金投入方式不断创新，并有效引导政府和社会的金融资源不断投入科技创新，建立包括银行信贷、证券市场、创业投资和政府引导基金等覆盖创新创业全链条的多元化科技投融资体系。深圳市为促进科技与金融深度融合，出台了多项配套政策，涵盖多个方面，加快了深圳市科技金融体系的建设。深圳市科技金融的发展特色主要体现在以下三方面：一是创业投资的引导基金作用显著。二是本土创业投资最为活跃。其中，深圳市本土创业投资机构数量最多，管理的创业投资资本总额最大，同时也是全国本土创业投资最活跃和创业氛围最好的地区。深圳市创业投资机构有效支持了生物、新材料、新能源等六大战略性新兴产业的快速发展。三是信贷模式创新，提供多样化资金。深圳市金融业较为发达，为解决科技金融发展面临的诸多问题，积极创新金融产品和服务方式，为科技企业提供差异化的金融服务。

（二）苏州市科技金融实践案例

苏州市政府在引导各类金融机构参与科技金融资金运作风险分担工作中起到了有效作用。中小科技企业属于资本规模较小、不容易吸引传统金融资本参与的企业，尤其是在苗圃期、孵化期阶段（李敬，2019）。苏州市利用财政资金的各项补贴奖励，引导商业银行、担保公司、保险公司、国家政策性金融机构等多个单位，构筑了“政、创、银、保、担”等共担风险的方式，有效促成了苏州科技金融的发展。

苏州市创业投资机构比较典型的有两家。第一家是苏州元禾控股股份有限公司。作为苏州市的投资控股企业，该公司管理着有414亿元规模的基金，业务包含股权投资、债权融资服务和投融资服务三大板块，如此庞大的国有金融控股集团对汇集高层次的金融人才和推动当地和江苏省的科技金融发展有着不可估量的作用，可以说是苏州市政府各类科技金融政策的落实示范地。苏州元禾控股股份有限公司在2011年成立了注册资本达6亿元的苏州工业园区禾裕科技金融集团有限公司，将其作为自身的债权融资业务主体，为科技型中小企业提供多样化资金支持。苏州工业园区禾裕科技金融集团有限公司下辖单位构成中有各市区科技小额贷款公司，含苏州市、泰州市、南通市、淮安市、常州市、无锡市禾裕科技小额贷款有限公司，业务的构架方面除独具特色的科技小额贷款之外还包含金融资产交易中心、资产管理公司、融资租赁公司、科技担保投资等。从业务构架上看，苏州工业园区禾裕科技金融集团有限公司非常完备的业务范畴在同一个集团平台上将非常有利于为处于不同发展阶段的科技型中小企业提供较为综合的债权融资解决方案。作为全国第一家同时经营小额贷款和创业投资业务的苏州市禾裕科技小额贷款有限公司，其在业务模式上具有鲜明的独创性，值得借鉴；债权和股权的结合，主要是通过“期权投资”与“小额贷款”的结合而形成，债权的获得不需要中小科技企业固定资产抵押，主要放款方式是信用和准信用保证。对于中小科技企业而言，一旦苏州市科技小额贷款有限公司获得其股权成为其股东后，这些中小科技企业一方面可以借助于苏州市科技小额贷款有限公司的实力和股东的担保功能，为后续的融资需求寻求信用支持；另一方面还可以借助苏州元禾控股股份有限公司的投融资生态体系，为企业的后续发展获取各类诸如政府政策服务、公司治理、资本业务等全方位的一站式企业综合服务。

第二家创业投资机构是苏州高新创业投资集团有限公司。作为苏州高新区直属国有企业集团，该集团担负着苏州高新区创业投资政府引导基金的运营管理职责。该集团通过区域科技投融资平台构建、科技人才与项目引进等措施，促进科技金融创新。该集团目前拥有包括天使投资、风险投资、私募股权投资、产业投资、并购等在内的完备的各类股权投资，以及融资担保、科技小额贷款、科技统贷、融资租赁、商业保理、科技保险、新三板服务等一体化的企业金融服务体系，累计设立基金 30 余只。该集团旗下的苏州高新区中小企业融资担保有限公司为苏州高新区首家国有担保机构；旗下的苏州市聚创科技小额贷款有限公司为江苏省首批设立的专业化科技小额贷款机构，管理资本总规模超 100 亿元（李敬，2019）。

苏州通过引进创业投资、科技银行、担保和保险等金融机构，一站式服务于科技型中小企业和高新企业，加强科技金融载体和平台建设。苏州地区比较知名的平台有苏州综合金融服务平台、苏州产权交易中心、苏州股权交易中心、苏州金融资产交易中心、苏州工业园区科技型中小企业统贷平台、银杏科技金融超市、苏州高新科技金融广场等。其中，苏州工业园区的科技型中小企业统贷平台是为工业园区初创期科技型中小企业提供资金支持的专业化平台，其利用自有注册资本金以及从金融机构获得的贷款，以委托贷款的方式开展融资服务，园区给这个平台 50%的贷款贴息和相应比例达 80%的坏账准备金补贴（李敬，2019）。非常具有特色的苏州高新科技金融广场，其业务架构可以说集聚了科技金融的所有服务项目，全国中小企业股份转让系统（NEEQ）的首家委托服务机构“太湖金谷”就落户在苏州高新科技金融广场。“太湖金谷”和 2016 年开始营运的苏州股权交易中心优化了苏州地区的各类创业投资资金的退出途径，完善了苏州市的多层次的资本市场的建设。

三、主要服务科技创新的民营银行开始在发达区域试点运行

创新体制机制，打造专门针对中小微企业融资的民营银行是科技金融新的发展趋势，可参考的案例是美国硅谷银行（Silicon Valley Bank，SVB）和我国北京的中关村银行。美国硅谷银行是美国的高科技商业银行，成立于 1983 年，隶属于 SVB 金融集团（徐磊，2020）。它专注于为高科技公司提供贷款，为生物科技公司提供风险投资，为私人高净值个体提供各项银行服务。除了接受贷款和发放贷款，银行还向商业银行客户进行投资。在高科技

初创领域，银行同全球各地的企业都建立有合作关系。推特（Twitter）、思科系统公司（Cisco Systems Inc.）等都曾经或仍然是硅谷银行的客户。

中关村银行是北京首家获批开业的民营银行，于 2017 年 7 月 16 日正式开业，旨在参与全国场外交易市场建设、加快区域股权交易中心的设立与发展。公开资料显示，中关村银行由用友网络科技股份有限公司、北京碧水源科技股份有限公司、北京光线传媒股份有限公司、北京东方园林环境股份有限公司等 11 家中关村知名上市公司共同发起建立。其中，用友网络科技股份有限公司为该行第一大股东，持股比例为 29.80%；北京碧水源科技股份有限公司位列第二，持股比例为 27%；北京光线传媒股份有限公司、北京东方园林环境股份有限公司并列第三，持股比例均为 9.9%（钱涨贵，2017）。供应链金融由来已久，许多银行从贸易金融到交易银行都在构建自己的线上、线下供应链平台。中关村银行最大的不同之处在于强调定制和融入的概念，无论是物流企业、垂直产业链、企业对企业（B2B）电商还是新零售，都将中关村银行自身的金融供应链产品深入到对方的平台中。中关村银行的核心是基于神州数码融信软件有限公司的第二代分布式（俗称去中心化）核心系统，能够快速响应平台不同形态的产品需求。服务强调全流程，线上化。

四、资本市场逐步从关注企业利润到关注潜在的创新企业发展，并不断采取试点注册制、强化退市制度等新方式来支持创新企业

政府逐步减少通过财政专项资金采取无偿资助方式直接资助企业的这种“自上而下”的财政资金投入方式，更多地采用公开竞争、招投标等方式；国家重大科技项目和重点研发项目中，规定必须有一定比例的资金和项目由中小企业承担。政府也在积极推动股票市场注册制改革，加强企业信息披露；发展信用评级市场，助力发展高科技企业债券市场，鼓励中小企业发行高收益债券；在创新资源聚集的区域，优化和整合区域性股权交易市场等，发展如股权众筹、网络银行、天使投资基金、高科技企业项目与资本对接平台等创新型金融和商业模式。打造适合不同区域发展的科技创新基金。

充分利用多元化资本市场中新涌现的科创板，试点注册制，完善资本市场基础制度。从市场功能看，科创板应实现资本市场和科技创新更加深度的

融合。科技创新具有投入大、周期长、风险高等特点，间接融资、短期融资在这方面常常力不从心，因此科技创新离不开长期资本或耐心资本的引领和催化。资本市场对促进科技和资本的融合、加速创新资本的形成和有效循环具有至关重要的作用；从市场发展看，科创板应成为资本市场基础制度改革创新的“试验田”。监管部门已明确，科创板是资本市场的增量改革，其可避免对庞大存量市场的影响，这种改革有助于快速积累经验，助推资本市场基础制度的不断完善。其中最受关注的是已讨论多年的注册制，明确在科创板试点注册制，既是呼应市场需求，又有充分法律依据。

上海证券交易所科创板的上市审核系统2019年3月18日正式上线运行。按照“五个工作日内”的规定，上海证券交易所在对申请文件核对后，明确了首批申报企业名单，国泰君安证券股份有限公司保荐项目晶晨半导体（上海）股份有限公司拿到了科创板001号受理批文，另外8家包括了烟台睿创微纳技术股份有限公司、江苏天奈科技股份有限公司、江苏北人机器人系统股份有限公司、广东利元亨智能装备股份有限公司、宁波容百新能源科技股份有限公司、和舰芯片制造（苏州）股份有限公司、安翰科技（武汉）股份有限公司、武汉科前生物股份有限公司。从地区来看，江苏最多，为3家，其次为湖北2家、浙江1家、广东1家、山东1家、上海1家；从保荐机构来看，招商证券股份有限公司2家、民生证券股份有限公司2家、中信证券股份有限公司2家、长江证券股份有限公司1家、国泰君安证券股份有限公司1家、东吴证券股份有限公司1家；从所属产业、行业来看，新一代信息技术3家、高端装备和生物医药各2家、新材料和新能源各1家；从选择的上市标准看，6家选择“市值+净利润/收入”的第一套上市标准，3家选择“市值+收入”的第四套上市标准，其中有1家为未盈利企业。9家企业预计市值平均为72.76亿元，扣除预计市值最大的1家（180亿元）后，预计市值平均为59.35亿元（程丹，2019）。

截至2019年5月27日，科创板总受理企业已达到112家。与A股现有板块相比，科创板是多层次市场的重要补充，同现有板块之间存在较大的互补性和差异性。科创板更聚焦于科技创新特征明显、主要依靠核心技术开展生产经营、商业模式稳定、市场认可度高、社会形象良好的企业。与境外市场服务创新企业的板块相比，科创板导向更明确、特色更鲜明。对于境外证券市场服务科技创新企业的板块，其定位描述大都基于企业规模或未来成长预期，较少关注科技创新企业的核心技术。相比之下，科创板的导向性和产业性更明确。

五、知识产权质押逐步向知识产权证券化发展，融资力度逐步加大

知识产权证券化（securitization of intellectual property）就是以知识产权的未来许可使用费（包括预期的知识产权许可使用费和已签署的许可合同保证支付的使用费）为支撑，发行资产证券进行融资的方式。目前，我国知识产权证券化在整个资产证券化市场中所占的份额还很小，但它已经显示出巨大的发展潜力和强劲的发展态势。知识产权证券化的通常定义为：发起机构（通常为创新型企业）将其拥有的知识产权或其衍生债权（如授权的权利金）移转到特设载体，再由此特设载体以该等资产作担保，经过重新包装、信用评价及信用增强等后发行在市场上可流通的证券，借以为发起机构进行融资的金融操作。作为一种重要的金融创新，知识产权证券化对建设多层次金融市场、发展自主知识产权具有重要意义。

与传统的知识产权担保贷款相比，知识产权证券化能充分发挥知识产权的杠杆融资作用。一方面，知识产权证券化的融资额高于知识产权担保贷款额。从国际银行业的实践看，在传统的知识产权担保贷款中，知识产权的贷款与价值比一般低于 65%，而知识产权证券化的融资额能达到其价值的 75% 左右。另一方面，通过知识产权证券化所发行的资产支持证券的票面利率通常能比向银行等金融机构支付的知识产权担保贷款利率低 22%～30%，大大降低了融资成本，提高了实际可用资金的数额。知识产权证券化能充分发挥知识产权的杠杆融资作用，最大限度地挖掘知识产权的经济价值，使知识产权所有者获得更多的资金。

2017 年，国务院印发《国家技术转移体系建设方案》，提出开展知识产权证券化融资试点。2018 年 4 月发布的《中共中央 国务院关于支持海南全面深化改革开放的指导意见》，以及中央和地方出台的多份文件都鼓励探索知识产权证券化，完善知识产权信用担保机制。

（一）“第一创业-文科租赁（一期）资产支持专项计划”

2018 年 12 月，在国家知识产权局、证监会等多部门的支持引导下，我国首只知识产权证券化标准化产品“第一创业-文科租赁（一期）资产支持专项计划”在深圳证券交易所成功获批，并于 2019 年 3 月 8 日成功发行。该产品实现了我国知识产权证券化零的突破。此后不久，“奇艺世纪知识产权供应链金融资产支持专项计划”在上海证券交易所获批，并于同年 12 月 21 日成功发行，开辟出一条以知识产权贸易为出发点的知识产权行业资产证券化融资新路径，对全行业而言具有里程碑式意义，具有广泛的示范效应。

（二）无锡市科技金融实践案例

无锡市可发挥科技金融结合服务的平台有无锡产权交易所、无锡金融资产交易中心有限公司、无锡海峡两岸科技金融服务中心。功能完备的无锡产权交易所隶属于无锡市国联发展（集团）有限公司，该平台以提供股权、债权、物权、知识产权的交易服务为主，是全市最核心的科技金融公共服务平台。该平台建设的主要目的就是推动无锡市的科技金融结合的一体化。其具备六大功能中心，全面服务于科技型中小企业。其中，中小企业融资服务、股权登记托管、知识产权评估和代办股份转让服务这四个中心为科技型中小企业提供最为关键的融资服务，这几个中心包含私募股权融资，银行融资服务，私募基金，信托产品募集及交易，企业并购、重组、改制服务，非上市公司的股权交易和质押，知识产权的评估和质押融资业务。该平台综合性的金融服务对推动无锡市的科技金融业务起到了媒介促进作用。无锡产权交易所、无锡金融资产交易中心有限公司均是无锡市国联发展（集团）有限公司这一传统投资控股集团旗下的公司。无锡海峡两岸科技金融服务中心的建设主要是配合无锡市科技金融发展战略，推动无锡科技与金融合作实验区的快速发展。2014 年 5 月 20 日，江苏省人民政府同意无锡市设立无锡海峡两岸金融与科技合作试验区的事项后，该区域得到快速发展。目前，无锡海峡两岸科技金融服务中心已经包含创业投资基金、产业基金等业务，无锡市政府欲将其打造成以短期借贷、债转股、股权投资、产业链并购、首次公开募股、上市辅导、新三板上市为主体的服务链条。这些服务系统一旦成型，将会给无锡市及江苏省带来较好的示范和辐射效应。

六、通过投贷联动来打造银行等机构的利益共同体，满足科技创新型企业多元化需求

投贷联动是指基于现有中国人民银行、工商税务部门有关信用系统，打通个人、企业信用与金融、工商、公安等多部门间的信息壁垒，形成全社会大数据信用体系，在条件允许的情况下，面向市场开放共享。投贷联动机制的本质是，具有不同风险偏好和收益要求的金融机构围绕不同成长阶段的企业的差异化投融资需求，建立紧密的利益共同体；在利益共同体平台上，在信息、渠道、产品、客户等不同层面展开合作，运用丰富的金融工具，满足企业多元化需求，为企业打造一站式金融服务。

在我国，投贷联动业务试点已显现一定成效。2016 年 4 月，银监会、科技部、中国人民银行同意在中关村国家自主创新示范区等 5 个国家自主创新示范区内开展科创企业投贷联动试点，国家开发银行、中国银行股份有限公司、北京银行股份有限公司等 10 家银行为首批试点银行。国家开发银行支持北京仁创生态环保科技股份公司落户中关村，成为全国首个投贷联动项目。

七、大数据金融助力银行征信更好地为科技创新类企业提供融资服务

传统银行发展科技金融所面临的最大问题就是贷款机构的征信问题，大数据技术应用海量、非结构化的数据，通过互联网、云计算等信息化方式对数据进行专业化的挖掘和分析，并与传统金融服务相结合，可为科技创新类企业提供创新性产品或服务。未来，贷款机构将有更多的数据和信息被统一纳入企业信用数据库中，比如企业纳税情况、社保缴纳情况、员工工资收入情况等，通过这些数据可以有效分析企业还款能力和企业信用水平。

北京银行股份有限公司中关村分行积极响应、服务“大众创业、万众创新”政策号召，紧抓建设中关村国家自主创新示范区历史机遇，积极参与中关村国家科技金融创新中心建设，围绕产品、服务、流程、机制等方面，持续开展先行先试和创新升级，首推创业贷款、设立创客中心、试水投贷联动、提供线上服务、探索网络融资，为中关村国家自主创新示范区内众多科技企业提供了方便快捷的

特色金融服务，为北京市打造科技创新中心注入了新的活力。北京银行股份有限公司积极推进金融产品及服务创新，在做好科技企业融资服务方面做出了积极探索和大胆尝试。形成的差异化和特色化金融产品的服务供给模式，极大地丰富了北京市科技金融生态体系内涵。未来，北京银行股份有限公司将继续加快战略转型和经营创新，积极推动银行、证券、保险、股权投资等多类金融机构相互合作，建立多种融资手段联动并用、多种金融产品融合发展的中小微企业创新型金融产品体系，进一步做实、做专、做强中小企业金融服务。

八、以大企业为龙头打造的互联网金融支持科技创新方式日益涌现

跨界融合后的信息化金融机构焕发新活力。在互联网金融时代，大企业通过广泛运用以互联网为代表的信息技术，对传统运营流程、服务产品进行改造或重构，打造经营、管理全面信息化的银行、证券和保险等金融机构。

以百度创新中心为例。百度创新中心配套全生命周期的投资基金，成立了百亿元规模的人工智能基金，并与百家顶级投资机构建立了深度合作关系，力求帮助人工智能企业以及拥抱人工智能技术的传统企业，在短时间内以最短路径获得最合适的投资。百度配套的基金包括从人工智能母基金，到早期的天使投资基金，再到中后期的百度风投（Venture）、百度资本（Capital）、百度 DuerOS 基金等；除了基金服务，还包含联盟贷等金融服务[①]。

第三节　科技金融新业态发展中存在的问题

科技金融新业态蓬勃发展的同时也面临着一些问题，比如现有的科技金融政策针对不同发展阶段的科技企业的需求精准对接不足、科技金融政策合力不够、政府引导金融机构为科技服务业服务的力度亟待加强等，体现为以下几方面。

---

① 一文读懂百度创新中心. https://baijiahao.baidu.com/s?id=1588476505327560803&wfr=spider&for=pc [2020-12-16].

一、针对风险投资基金的监管政策精准化程度不高

风险投资是企业创新发展的前提。2016 年，为防范金融风险，国家工商行政管理总局等十七部门联合印发了《开展互联网金融广告及以投资理财名义从事金融活动风险专项整治工作实施方案》（工商办字〔2016〕61 号），其中明确提出："非金融机构以及不从事金融活动的企业，在注册名称和经营范围中，原则上不使用'交易中心'、'股权投资基金'、'网贷'、'P2P'等字样。"之后，全国各地陆续收紧对投资类企业的登记注册工作，一些地区更是大面积暂停了投资类企业的注册审批。2017 年，对于登记注册的创业投资机构数量占全国比重这一指标排名，排在全国首位的地区是浙江（18.63%），其次是广东（15.92%）、江苏（6.28%），而北京登记注册的创业投资机构数量占全国比重为 4.09%，远落后于 2015 年的水平。2015 年，北京市登记注册的创业机构数量稳居全国第一，占全国比重高达 17.49%。由此可见，针对风险投资基金的监管政策尚未达到精准化，政策落实效果未达预期目标。

二、面向间接融资体系的政策环境尚需完善

一是国家高新技术企业认定试点政策有待完善。目前，国家高新技术企业认定中，关于高技术服务业的界定范围偏窄，尚不包括科技金融等科技服务业，致使科技金融企业难以被认定为国家高新技术企业并享受相关税收优惠政策。同时，互联网高新技术企业产品（服务）收入范围过窄，也制约了优惠政策实施效果。例如，互联网高新技术企业 91 金融（91 科技集团下的子品牌）以互联网技术为核心，却通过互联网技术支撑的金融业务营利，但金融业务收入不计入高新技术企业税收优惠范围，只能参照金融机构来缴纳税金。

二是部分现行政策在实际运用中与银行业务合力不足。为激发银行等金融机构支持科技企业的活力，各地区相关部门都出台了诸多政策举措，但实践中发现，部分现行政策在实际运用中与银行业务的合力不足，政策落实效果不理想。以北京为例，针对小微企业信贷的差异化监管政策难以有效落地，

未能赋予科技贷款相对更高的不良贷款容忍度。虽然银保监会等部门此前出台了一些差异化监管政策，但是其中对贷款逾期时经办人责任的认定并没有给予明确的规定，从而抑制了银行为中小企业发放信贷的积极性。另外，针对商业银行的风险补偿政策在设计上也存在一定缺陷，导致现阶段银行申请风险补偿的积极性普遍不高。在认定标准方面，目前尚未对风险补偿金的适用范围进行明确界定，而是多采用贷后认定的方式，导致银行在发放贷款前缺乏可以参照的产业目录或企业清单，风险补偿金对城市产业发展方向的引导作用没能充分发挥；在发放方式方面，目前各类风险补偿金多为一次性发放，一旦已经获得风险补偿金的贷款被收回，风险补偿金的回收操作就非常困难，导致责任部门对风险补偿金的发放过于谨慎。

三、孕育新业态的科技金融中介服务体系亟待健全

目前各地区的科技金融中介服务能力仍然难以满足创新创业的发展需求，即便在经济发达地区，也存在同样问题。主要表现在科技金融担保体系不够完备。由于银行担保授信大幅减少、融资担保业务风险高等原因，民营担保机构数量严重萎缩。同时，政策性担保机构也普遍存在数量不足、资金实力不强等问题。不仅如此，担保机构在开展担保业务过程中通常要求债务人提供反担保物，与科技企业缺乏抵押物或对等抵押物的经营特点不符，从而造成了“科技企业融资难、担保机构难融资”的困境。另外，针对科技企业知识产权的评估、转让、交易体系不健全。市场缺乏权威、专业的资产评估机构、信用评级机构，导致商业银行对质押物的风险难以把控、处置缺少途径，制约了银行开展知识产权质押贷款的积极性。

四、对科技金融新业态的行业准入和监管手段仍需创新

一是随着人工智能、区块链、云计算、第五代移动通信技术（简称 5G）和大数据等领域科技企业持续涌现，传统金融体系对新业态中财务核算规则、公司治理模式、融资架构、业务领域等的监管滞后日益显现，导致部分企业以金融创新的名义冲破监管红线、扰乱金融秩序。

二是市场准入限制过严，阻碍新兴业态发展。从国际金融发展情况看，

我国金融领域在促进新业态发展方面算是先行者，但金融领域准入仍然限制严格，多数科技金融企业难以获得相关资质，制约了智慧金融、互联网金融、大数据金融等新兴业态和机构发展。例如，传统银行在给科技创新型企业贷款时常常要求有实物质押，导致很多中小轻资产发展的互联网企业因为没有厂房设备等固定资产，难以及时融资成功。

三是现行准入监管机制与科技金融新业态和新模式不匹配，亟待创新。科技金融新业态的经营行为在工商注册、质量管理、缴税、民事责任等环节，难以适用现有法规及标准，难以及时认定和有效监管，对科技金融企业的监管无章可循、无据可依，影响企业发展。

第四节　相关政策建议

我国科技金融发展的新业态和新模式的培育主要应从以下五方面进行完善。

一、加强政府对科技金融新业态的培育和监管

强化对金融科技行业发展的顶层设计，研究细化相关领域的配套制度，建立对行业急需核心技术及应用服务的联合研究机制。加大对金融科技领域的科研经费投入，积极培养信息技术人才，扩大技术能力储备，促进金融科技的规范和创新。推动金融机构积极拓展服务创新，在知识产权质押、投贷联动等方面进行金融服务创新，帮助企业度过资金难关。

促进科技和金融相结合，是国家为了推进科技产业发展而做出的重大战略决策。在新一轮发展中，各地区相关政府部门应抓住科技资源和金融资源两个活跃因素，创新金融服务方式和服务理念，加大对创新的支持力度，积极探索科技与金融的融合对接，在更高层面上加快各类创新要素的整合联结，促进创新集聚的体系建设，破解创新瓶颈，提升区域核心竞争力。要进一步强化政府部门的监管职能，制定出台针对“互联网+金融”等新业态的行业监管标准；坚持宽进严管，探索科技金融新业态准入监管制度创新。建立公

开、透明、便捷、高效的市场准入机制，建立健全事中事后监管制度，构建市场准入无障碍、后期发展有监管的制度体系，促进科技服务业自由创新、有序发展。

二、全力打造科技金融新业态的创新示范区

支持人工智能、区块链、云计算、量子技术、5G、大数据等金融科技重点技术发展，拓展金融科技应用场景，支持金融科技企业在重点领域开展示范应用，提升金融服务效率和金融监管水平，保障城市高效运行。优化金融科技空间布局，加大金融科技产业政策支持力度，孵化培育金融科技领军企业，聚集形成全国领先的金融科技创新集群。

三、开展针对科技金融新业态发展的政策创新

一是将科技金融这类高端智力密集型科技服务及其支撑技术纳入国家重点支持的高新技术领域，并结合科技金融特点调整现行认定指标，降低政策适用门槛；对认定为高新技术企业的科技金融服务企业，按减15%的税率征收企业所得税。二是创新政策支持方式，完善新技术新产品（服务）认定管理办法，将科技金融等领域的新模式新产品（服务）纳入认定范围，将高新技术企业依托核心技术、提供科技服务所获得的收入列为税收优惠核算范围。面向高端智力密集型科技金融服务机构，探索出台相关支持政策，促进我国科技金融新业态健康成长。

四、对风险投资基金的管理实行精准化措施

完善投资类企业准入标准，在规范管理、风险防范的前提下，对聚焦科技企业投资的优质投资机构加快登记注册。发挥各省市科技创新基金等政府引导基金的引领作用和示范价值，加大对前沿技术领域、创业企业早期的资金支持力度。加快落实财政部、国家税务总局《关于创业投资企业和天使投资个人有关税收试点政策的通知》（财税〔2017〕38号），切实发挥税收政策对创业投资机构和天使投资人的扶持作用。研究细化促进风险投资发展的相关政策，推动设立投资年限与锁定期反向挂钩机制，给予风险投资机构及

投资人便利化服务，争取各项政策在各地区高新技术园区和国家自主创新示范区率先开展试点工作。

五、建立健全科技金融中介服务体系

推动各地区融资担保基金落地，保障国有融资担保体系可持续发展。建议各金融管理部门积极推动有关政府部门建立持续、稳定的增资机制，在政府出资引导下，鼓励有实力的国有担保机构和社会资本参与，共同设立融资担保基金，推动构建一体化全覆盖政府性融资担保体系，为完善融资担保体系建设和发展做贡献。尽快推进设立一批资金实力雄厚的政策性担保机构，消减金融机构一部分投资风险，提高其支持科技创新的积极性。

参考文献

程丹. 2019. 重磅出炉！首批科创板申报企业全解析！（附影子股名单）. https://www.sohu.com/a/303262350_658954?sec=wd[2020-12-16].

李敬. 2019. 苏州与无锡两地科技金融政策与实践分析. 商业经济, (3):39-41, 55.

钱涨贵. 2017. 开业仅半年，中关村银行行长“出走”？ https://cj.sina.com.cn/article/detail/5977787349/453754?column=stock&ch=9[2020-12-16].

任敏. 2018. 北京市科技创新基金启动百亿级科创基金扶持“高端硬技术”. http://www.gov.cn/xinwen/2018-06/25/content_5300997.htm[2020-12-16].

徐磊. 2020. 投贷联动之王：硅谷银行金融集团启示录. 现代商业银行, (9): 81-86.

张俊芳. 2017. 我国政府创投引导基金的现状及问题调查：以成都科技金融工作为例. 全球科技经济瞭望, 32(7): 34-39.

第四章　我国区域科技金融发展水平测度与分析[①]

党的十八届三中全会强调指出，“鼓励金融创新，丰富金融市场层次和产品”“改善科技型中小企业融资条件，完善风险投资机制，创新商业模式，促进科技成果资本化、产业化”。这为加速推进科技金融结合、促进我国战略性新兴产业发展提出了明确要求。当前，通过科技金融助推战略性新兴产业发展，必须按照十九届三中全会的要求，深化金融改革和科技体制改革，着力在加强引导、完善机制、培育主体、创新工具上有所突破，引导金融资源向科技领域配置，引导科技进步带动金融创新，以科技和金融深度结合助推我国产业更好更快发展。

第一节　文 献 综 述

对于如何衡量科技金融发展水平，现有文献通常将科技金融细化为数个一级指标，然后在每个一级指标下设立几个二级指标，每个二级指标都可以由某一个实际统计指标表示，最后通过算数平均法、专家赋值法、熵值法、层次分析法等方式确定各指标权重，将所有低级别指标汇总，得到一个综合指数，用以表示科技金融发展水平的高低。曹颢等（2011）将科技金融综合指数分为资源指数、经费指数、产出指数、贷款指数四个一级指标，各指标权重采用算术平均法确定，然后对中国 31 个省（自治区、直辖市）2001～2008 年的科技金融综合指数进行了测算。陈亚男和包慧娜（2017）基于中国 2006～2015 年 30 个省（自治区、直辖市）的面板数据，将科技金融综合指数分为资源指数、经费指数和产出指数三个一级子板块，指标权重采用算术平均法

① 本章部分内容已发表：王海芸，刘杨. 2019. 区域科技金融发展水平测度与分析. 技术经济，(4)：50-56.

计算，然后以 2006 年数据为基年数据，比较了 30 个省（自治区、直辖市）科技金融的发展差异。徐玉莲等（2017）将科技金融体系发展过程划分为四个阶段，并提出了科技金融成熟度的概念，将其分为资金总量指数、投资绩效指数、结构指数、环境指数四个一级指标，指标权重采用模糊层次分析法（FAHP）确定，评估了中国 2003～2013 年科技金融成熟度的发展变化。此外，中国科学技术发展战略研究院等（2018）在《中国科技金融生态年度观察 2018》等研究中从结构视角出发，将科技金融研究范畴细分为以下六大部分：科技财税、创业风险投资、科技信贷、科技资本市场、科技保险、科技金融环境。

目前，现有相关文献关于科技金融发展水平的测度，对其指标体系的考虑维度各不相同，对具体指标的权重设置方法也存在差异。对指标体系的构建，多采用投入产出思维，鲜有将环境因素纳入指标体系中，且具体指标数量较少，难以全面反映科技金融发展的整体状况；指标的权重多采用算术平均法计算，难以显示每个指标的实际贡献度，具有一定的局限性。

第二节　体系与方法

一、科技金融发展指标体系

本章从投入产出思维出发，结合相关文献，同时考虑环境因素的影响，构建了包含科技财税、创业风险投资、科技资本市场、科技金融环境、科技金融产出等 5 个维度的一级指标、19 个二级指标的指标体系，来测度我国[①]的科技金融发展水平。

科技财税指的是政府对科技活动的财税支持，主要包含政府引导基金规模和地方财政支出中科学技术支出占比 2 个二级指标。创业风险投资指的是投资于创新创业企业全周期的天使投资、风险投资、私募股权投资等，主要包含早期投资/VC/PE 投资金额、投资机构管理资金、单位孵化企业获得风险投资额、单位团队及企业获得投资额 4 个二级指标。科技资本市场指的是主

① 本章所指的我国数据不包括西藏、台湾、香港、澳门数据。

板市场、中小企业板市场、创业板市场、新三板市场、区域性股权交易市场、债券市场等，主要包含新三板定增融资额、挂牌公司股票发行金额、创业板集资3个二级指标。科技金融环境指的是支撑科技金融发展的整体市场环境、政策环境、基础设施环境等，包含风险投资机构数、孵化器数量、众创空间数量、每万人口中R&D人员数4个二级指标。科技金融产出指的是科技金融融合发展的产出，主要包含每亿元投入科技论文产出数、每万人口国内专利申请受理量、每万人口国内专利申请授权量、高技术产业主营业务收入、高技术产业新产品销售收入、技术市场成交额等6个具体指标（表4-1）。

表4-1　科技金融发展指标体系

一级指标	权重/%	序号	二级指标/单位	权重/%
科技财税	12	1	政府引导基金规模/亿元	6
		2	地方财政支出中科学技术支出占比/%	6
创业风险投资	16	3	早期投资/VC/PE投资金额/亿元	5
		4	投资机构管理资金/10万美元	5
		5	单位孵化企业获得风险投资额/千元	4
		6	单位团队及企业获得投资额/千元	2
科技资本市场	16	7	新三板定增融资额/百万元	7
		8	挂牌公司股票发行金额/亿元	2
		9	创业板集资/百万元	7
科技金融环境	24	10	风险投资机构数/家	6
		11	孵化器数量/家	6
		12	众创空间数量/家	6
		13	每万人口中R&D人员数/人	6
科技金融产出	32	14	每亿元投入科技论文产出数/篇	3
		15	每万人口国内专利申请受理量/项	6
		16	每万人口国内专利申请授权量/项	6
		17	高技术产业主营业务收入/亿元	7
		18	高技术产业新产品销售收入/亿元	7
		19	技术市场成交额/亿元	3

二、权重设定

在科技金融综合指数的指标体系中，本章选用了多个有代表性的综合指标。为了明确每个指标对综合指数的贡献程度，本章采用主成分分析法来确定 19 项二级指标的权重。主成分分析法利用降维的思想，根据实际指标数据情况，从多个指标中选取少数几个潜在的、相互独立的主成分指标变量的线性组合来反映多个实际指标变量的主要信息，进而确定地反映出主要影响因素，具体模型如下。

设 n 个城市样本的 m 个特征变量所构成的矩阵如下：

$$X=\begin{bmatrix} x_{11} & x_{21} & \cdots & x_{m1} \\ x_{12} & x_{22} & \cdots & x_{m2} \\ \vdots & \vdots & & \vdots \\ x_{1n} & x_{2n} & \cdots & x_{mn} \end{bmatrix} \tag{4-1}$$

对上述矩阵进行标准化处理得标准化值（Z_j）：

$$Z_j=\frac{x_{ij}-\bar{x}_j}{s_j} \tag{4-2}$$

式（4-2）中，$\bar{x}_j$表示第 j 行平均值，计算公式为 $\bar{x}_j=\frac{1}{n}\sum_{i=1}^{n}x_{ij}$；$s_j$表示标准差，计算公式为 $s_j^{\ 2}=\frac{1}{n-1}\sum_{i=1}^{n}(x_{ij}-\bar{x}_j)$，其中 i=1，2，…，n，j=1，2，…，m。

随后计算相关矩阵的特征根为 $\lambda_1 \geqslant \lambda_2 \geqslant \cdots \geqslant \lambda_m \geqslant 0$，相应的特征向量 $L_j=\left(l_{j1},l_{j2},\cdots,l_{jm}\right)^{\mathrm{T}}$，$j$=1，2，…，$m$。于是标准化后的特征变量转换成主成分：

$$F_j=ZL_j=l_{j1}Z_1+l_{j2}Z_2+\cdots+l_{jm}Z_m,\ j=1,\ 2,\ \cdots,\ m \tag{4-3}$$

然后我们根据前 k 个主成分的累计贡献率确定主成分个数，并以科技金融发展水平为因变量，以主成分变量作为自变量，采用线性函数建立科技金融发展模型：

$$P=\alpha_0+\alpha_1F_1+\alpha_2F_2+\cdots+\alpha_kk_1+\varepsilon \tag{4-4}$$

式（4-4）中，α_k为权数，ε为残差。

三、测度方法

在确定指标体系和指标权重之后，测度方法包含原始数据标准化和加权求和两部分。原始数据标准化是为了去量纲，从而使所有数据具有可比性。由于评价指标均为正向指标，本章采用极差标准化方法对原始数据进行无量纲化处理，见式（2-1）。对经过无量纲化处理的各项指标进行加权合成，即得到上一级指标的综合得分。二级指标的权重为各自包含的三级指标的权重之和，一级指标的权重为各自包含的二级指标的权重之和，加权求和后最终得出科技金融综合指数。

四、具体实现过程

对这 19 个指标进行主成分分析，首先得出 19 个主成分对应的累计方差以及累计贡献率（表 4-2）。

表 4-2　19 个指标的初始特征根情况

成分	初始特征根			提取载荷平方和			旋转载荷平方和		
	总计	方差百分比	累计贡献率/%	总计	方差百分比	累计贡献率/%	总计	方差百分比	累计贡献率/%
1	11.368	59.833	59.833	11.368	59.833	59.833	8.824	46.442	46.442
2	3.441	18.110	77.943	3.441	18.110	77.943	5.930	31.208	77.650
3	1.146	6.033	83.976	1.146	6.033	83.976	1.202	6.325	83.976

如表 4-2 所示，前 3 个成分对应的特征根大于 1，且累计贡献率超过 83%，因此，本章提取前 3 个主成分，用以反映整体情况。

然后，根据成分矩阵数据求出各指标在 3 个主成分线性组合中的系数，以主成分 1 为例，其政府引导基金规模指标的系数等于成分矩阵的对应系数除以其特征根的开方，即 $0.520/\sqrt{11.368}$，以此类推得出表 4-3。

表 4-3　19 个二级指标的成分矩阵和线性组合系数

二级指标	成分矩阵			线性组合系数		
	1	2	3	1	2	3
政府引导基金规模	0.520	0.550	0.271	0.154	0.296	0.253
地方财政支出中科学技术支出占比	0.843	0.227	−0.159	0.250	0.122	−0.149

续表

二级指标	成分矩阵			线性组合系数		
	1	2	3	1	2	3
早期投资/VC/PE 投资金额	0.897	−0.356	0.056	0.266	−0.192	0.052
投资机构管理资金	0.911	−0.329	0.041	0.270	−0.177	0.038
单位孵化企业获得风险投资额	0.850	−0.382	−0.025	0.252	−0.206	−0.023
单位团队及企业获得投资额	−0.018	−0.112	0.921	−0.005	−0.060	0.860
新三板定增融资额	0.958	0.016	0.039	0.284	0.009	0.036
挂牌公司股票发行金额	0.590	−0.476	−0.089	0.175	−0.257	−0.083
创业板集资	0.944	−0.010	0.081	0.280	−0.005	0.076
风险投资机构数	0.922	0.014	−0.035	0.273	0.008	−0.033
孵化器数量	0.592	0.724	0.084	0.176	0.390	0.078
众创空间数量	0.496	0.672	0.245	0.147	0.362	0.229
每万人口中 R&D 人员数	0.923	−0.125	−0.137	0.274	−0.067	−0.128
每亿元投入科技论文产出数	0.713	−0.580	0.155	0.211	−0.313	0.145
每万人口国内专利申请受理量	0.893	0.053	−0.145	0.265	0.029	−0.135
每万人口国内专利申请授权量	0.915	0.015	−0.117	0.271	0.008	−0.109
高技术产业主营业务收入	0.649	0.622	−0.110	0.192	0.335	−0.103
高技术产业新产品销售收入	0.711	0.633	−0.038	0.211	0.341	−0.036
技术市场成交额	0.711	−0.589	0.133	0.211	−0.318	0.124

最后，根据式（4-4），计算出各指标在综合得分模型中的系数，即确定权重。同时，通过取整，得出二级指标和一级指标的指标权重。

第三节　测度结果与分析

一、测度结果

根据科技金融发展的指标体系，文章采用极差标准化方法测算了 2016 年我国 30 个省（自治区、直辖市）的科技金融发展综合指数，如表 4-4 所示。

从整体看，全国科技金融发展综合指数的平均值为 0.000，极差为 3.093，标准差为 0.784。其中，仅有 9 个省（直辖市）的科技金融发展综合指数高于平均值，我国科技金融发展存在显著的不均衡性。

从科技金融发展综合指数看，排名全国前十的地区分别为北京、广东、江苏、上海、浙江、天津、山东、福建、安徽和重庆，排名后十的为贵州、黑龙江、山西、广西、新疆、云南、宁夏、内蒙古、海南和青海。

表 4-4 科技金融发展综合指数及排名

地区	科技金融发展综合指数		科技财税		创业风险投资		科技资本市场		科技金融环境		科技金融产出	
	数值	排名	数值	排名	数值	排名	数值	排名	数值	排名	数值	排名
北京	2.411	1	0.157	2	0.610	1	0.586	1	0.358	3	0.699	1
广东	2.019	2	0.379	1	0.157	3	0.331	2	0.570	1	0.582	2
江苏	1.198	3	0.144	3	0.009	6	0.113	5	0.433	2	0.498	3
上海	1.172	4	0.087	5	0.310	2	0.213	3	0.281	4	0.280	6
浙江	0.789	5	0.084	6	0.032	5	0.134	4	0.244	5	0.295	5
天津	0.436	6	0.006	12	−0.021	9	−0.034	13	0.129	7	0.354	4
山东	0.221	7	0.023	9	−0.046	14	0.074	6	0.165	6	0.005	11
福建	0.093	8	−0.009	15	0.001	7	−0.023	9	0.050	8	0.073	8
安徽	0.012	9	0.101	4	−0.052	17	0.000	7	−0.054	13	0.017	10
重庆	−0.039	10	−0.074	22	−0.046	13	−0.059	18	0.008	10	0.132	7
陕西	−0.044	11	0.023	10	−0.016	8	−0.034	14	−0.046	12	0.030	9
河南	−0.121	12	0.031	8	−0.047	15	−0.027	10	−0.070	16	−0.007	12
四川	−0.126	13	−0.003	14	−0.029	10	−0.032	12	−0.045	11	−0.017	13
湖北	−0.144	14	0.019	11	−0.034	12	−0.019	8	−0.068	15	−0.042	15
江西	−0.275	15	0.006	13	−0.053	18	−0.067	19	−0.126	23	−0.035	14
甘肃	−0.329	16	−0.049	17	0.046	4	−0.085	22	−0.062	14	−0.180	21
湖南	−0.333	17	−0.068	20	−0.029	11	−0.038	15	−0.112	20	−0.086	16
河北	−0.359	18	−0.079	25	−0.058	21	−0.038	16	0.018	9	−0.202	24
吉林	−0.379	19	−0.088	27	−0.067	29	−0.029	11	−0.080	18	−0.114	17
辽宁	−0.394	20	−0.070	21	−0.050	16	−0.082	20	−0.074	17	−0.119	18
贵州	−0.443	21	0.070	7	−0.064	26	−0.088	24	−0.165	27	−0.196	23

续表

地区	科技金融发展综合指数		科技财税		创业风险投资		科技资本市场		科技金融环境		科技金融产出	
	数值	排名	数值	排名	数值	排名	数值	排名	数值	排名	数值	排名
黑龙江	−0.485	22	−0.061	19	−0.060	23	−0.085	23	−0.101	19	−0.179	20
山西	−0.528	23	−0.094	28	−0.060	22	−0.056	17	−0.112	21	−0.207	25
广西	−0.570	24	−0.075	24	−0.067	28	−0.095	26	−0.162	26	−0.170	19
新疆	−0.594	25	−0.042	16	−0.055	20	−0.096	27	−0.143	24	−0.259	29
云南	−0.597	26	−0.050	18	−0.068	30	−0.082	21	−0.154	25	−0.242	27
宁夏	−0.599	27	−0.081	26	−0.063	25	−0.096	28	−0.169	28	−0.190	22
内蒙古	−0.639	28	−0.099	29	−0.061	24	−0.091	25	−0.126	22	−0.262	30
海南	−0.667	29	−0.074	23	−0.053	19	−0.100	30	−0.189	29	−0.251	28
青海	−0.682	30	−0.111	30	−0.066	27	−0.098	29	−0.196	30	−0.211	26

从图 4-1 可以看出，我国绝大多数省（自治区、直辖市）的科技金融各维度发展并不均衡。如对于江苏而言，其科技金融环境和科技金融产出两方

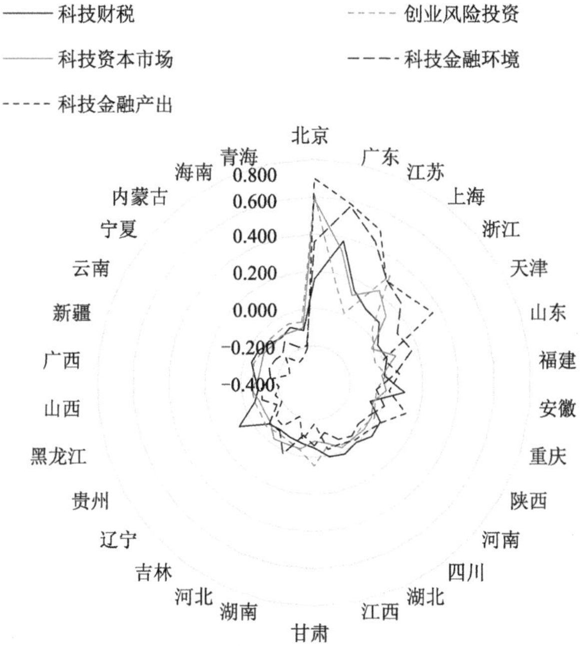

图 4-1 一级指标雷达图

面的表现较好，然而在科技财税、创业风险投资和科技资本市场等方面的表现均存在显著劣势；对于天津而言，其科技金融产出具有显著优势，然而在其他方面的表现均一般；对于贵州而言，其在科技财税方面的表现较好，而其他方面则较差。可见，我国绝大多数地区的科技金融各维度发展并不均衡，存在“偏科”现象。

二、研究结论

（一）我国科技金融的整体发展水平极不均衡

我国近 2/3 地区的科技金融发展综合指数低于全国平均值。从测度结果看，科技金融发展综合指数的极差达到 3.093，高于全国平均值的仅有北京、广东、江苏、上海、浙江、天津、山东、福建、安徽 9 个省（直辖市），超六成地区的科技金融发展综合指数均低于全国平均值，我国科技金融的发展存在显著的地域不均衡性。我国科技金融发展水平很高的地区较少，绝大多数地区刚处于发展的起步阶段，整体水平还较低。那些先发展起来、发展水平较高的城市应该积极向周边地区输出发展经验，带动周边发展较弱地区。目前发展水平较低的地区现阶段应该加大推动科技金融工作力度，不断借鉴发达地区经验，补齐创新发展的短板。

（二）很多地区的科技金融发展水平从结构上看并不均衡，存在显著的差异

以吉林省为例，吉林的科技资本市场在全国排名第 11，但是科技财税排名第 27，创业风险投资排名第 29，导致吉林整体排名第 19；贵州在科技财税方面排名第 7，但是其他维度均排名第 20 以后，各维度的发展水平很不均衡。可见，每个地区应该找出并正视自身的弱项所在，针对弱项，采取有针对性工作举措，才能不断提高地区的科技金融发展水平。

（三）科技财税发展水平不容乐观，各地区差异较大

科技财税排名全国前十的地区是广东、北京、江苏、安徽、上海、浙江、

贵州、河南、山东、陕西。其中，表现比较突出的是贵州（排名第 7），虽然总体科技金融发展水平较低，但政府非常重视，财政投入较高，同时银行对创新创业发展的信贷投入也较大，总体看，对于大部分经济不发达地区，其财政投入也相对要少些。在市场经济发展不完善时期，政府前期的财政支持、银行的信贷都是非常有必要的，但进入市场经济发展相对完善的时期后，科技金融中的风险投资、科技资本市场的重要性就更强一些。

（四）创业风险投资在创新创业活动中发挥的作用越来越大

我国各地区发展存在较大不均衡性，经济发达地区创业风险投资更活跃。创业风险投资排名前十的分别为北京、上海、广东、甘肃、浙江、江苏、福建、陕西、天津和四川，除了排名第 4 的甘肃创业风险投资表现活跃，超越了当地经济发展水平外，其余地区的经济发达程度与创业风险投资活跃度基本成正比，也说明创业风险投资等社会资本总体倾向在经济发达地区生根发芽，也表明这些区域的创新创业活动更为活跃。

（五）科技资本市场总体上与区域经济发达程度匹配，相关性强

科技资本市场排名前十的地区分别为北京、广东、上海、浙江、江苏、山东、安徽、湖北、福建、河南。以上地区的科技资本市场和科技金融发展的总体水平较为一致。需要注意的是，吉林的科技资本市场排名第 11，吉林省新三板定增融资额、挂牌公司股票发行金额及创业板集资额较高，该指标整体推动了其科技金融的总体发展，但从长远发展来看，其他一级指标也应相互协调，才能真正提升地区的科技金融发展水平，也才能真正促进创新创业活动的活跃和提升。

（六）科技金融发展水平的高低与科技金融环境息息相关，这一指标与总指标排序大致吻合

科技金融环境排名前十的地区分别为广东、江苏、北京、上海、浙江、山东、天津、福建、河北、重庆。河北地处京津冀协同创新区，与北京和天津协同发展程度有所提升，加上非首都功能疏解，一些创新创业企业也

在河北周边发展，因此近年来河北科技金融环境有所提升。可以看出，地区的发展也与所在区域有较大相关性，一方面科技金融发展优异的地区能够带动周边地区协同发展，另一方面也容易形成马太效应和虹吸效应，资源越多的地区越容易具备更多创新优势，这也对区域发展较为落后的地区提出了挑战。

（七）科技金融产出相对投入而言，有一定的时滞性，因此科技金融前期投入难以马上显现成效

科技金融产出排名前十的地区分别为北京、广东、江苏、天津、浙江、上海、重庆、福建、陕西和安徽。这与科技金融发展总体水平的排名基本是一致的，也就是说，尽管存在科技金融投入的时滞性，但只要合理投入了，后期都会有相应的成果产出。值得一提的是重庆，尽管其政府投入（科技财税）不高，仅排名第 22，但重庆创业风险投资、科技金融环境和科技金融产出等排位都比较靠前，说明其科技金融市场化环境更好，是非常符合未来科技金融发展趋势的地区。

第四节　相关政策建议

近年来，在推动战略性新兴产业发展方面，全国各地方和金融机构在科技金融方面做了不少有益探索，通过持续不断加大投入，取得了一定成效，但依然存在一些问题。这里面有科技成果闲置与企业技术相对短缺的矛盾，有产业结构趋同与高新技术非产业化的矛盾，也有信贷资产质量低下与新兴产业资金短缺的矛盾（比如效益相对低下的传统产业占用大量贷款，而战略性新兴产业受资金限制形不成规模效应），更有科技投入高风险与收益周期长的矛盾（比如金融行业担心新兴产业科技贷款投入时间长、贷款风险大，对科技开发信贷信心不足、支持动力不足等）。

为进一步提升地区科技金融发展水平，使科技金融与创新创业活动形成有效的联动发展格局，结合测度结果及相关结论，提出以下五方面建议。

一、健全市场机制

目前我国经济尚处于转轨过程中，社会主义市场经济体制还不完善，科技金融仍面临诸多体制性障碍，应进一步健全市场机制，让资本市场和风险投资更加活跃，使得资本与创新之间实现自由高效对接，制定一整套科学完备的科技金融制度规范，尤其是加大各参与主体的利益实现、风险补偿等问题的创新性制度设计，确保资本投入的收益符合市场规律。

二、应高起点规划构建科技金融体系，对不同发展阶段、不同产业门类实行分类指导

现阶段，科技是生产力，金融是经济核心，科技融合经济是推动经济增长的新动力。政府应该认识到科技金融的重要性和意义，大力支持科技金融的发展，并通过规划科技金融体系，对不同行业进行分类指导，做到区别对待、有的放矢。

三、充分发挥政策性资金的导向作用，引导更多的民间资本进入创业投资领域

在科技金融发展综合指数的测度中，科技财税和创业风险投资都是衡量科技金融发展水平的重要维度。在市场经济不太完善阶段，科技金融发展综合指数的测度主要以科技财税为主、创新风险投资为辅，科技财税主要依靠政府支持，政府可以通过设立创业投资、科技贷款、科技保险、科技担保等政策性专项引导基金，提供创业风险补偿和费用补贴，引导民间资本、商业银行和其他金融机构向新兴产业企业融资；在市场经济逐步完善的未来，应主要以发展创业风险投资为主、科技财税为辅，因此创业风险投资更直接地反映科技金融市场的活跃程度。对于经济发达地区而言，科技金融的体系发展很有必要；对于经济不太发达的地区而言，首先要高度重视、加大财政投入、培育良好的科技金融发展环境，从而更好地吸引社会资本的进入。总体来看，未来要形成“政府+市场”双轮驱动、双管齐下的科技金融发展格局。

四、不断完善科技保险机制、科技金融人才激励机制

科技保险是科技金融发展综合指数的重要组成之一，但是在这一方面却鲜有数据，成效甚微。解决如何通过科技保险制度来更好地服务科技金融市场的发展，意义重大。应该根据战略性新兴产业从技术开发、产品研制到成果产业化不同阶段的风险特征，完善相应的科技保险机制、融资担保机制、违约贷款补偿机制、科技金融人才激励机制。

五、加快推进科技金融的创新型金融工具研发，大力发展“互联网+金融”应用模式，支持战略性新兴产业的发展

一方面，应该将大数据、物联网等新技术应用到金融领域，实现科技和金融的深度融合，用科技推动金融市场更好发展。另一方面，金融市场的资本和投资是新技术、新产业发展的基础，应该不断打破技术和资本的壁垒，促进科技与金融深度融合、互动发展，产生科技创新与金融创新的价值叠加效应。

参考文献

曹颢，尤建新，卢锐，等. 2011. 我国科技金融发展指数实证研究. 中国管理科学，19(3)：134-140.

陈亚男，包慧娜. 2017. 科技金融发展对产业结构升级影响的实证分析. 统计与决策，(15)：170-173.

王海芸，刘杨. 2019. 区域科技金融发展水平测度与分析. 技术经济，(4)：50-56.

徐玉莲，赵文洋，张涛. 2017. 科技金融成熟度评价指标体系构建与应用. 科技进步与对策，(11)：118-124.

中国科学技术发展战略研究院，中国科技金融促进会，上海市科学学研究所. 2018. 中国科技金融生态年度观察 2018. 上海：上海交通大学出版社.

第五章　我国区域科技金融发展分类策略研究①

2006 年，《国家中长期科学和技术发展规划纲要（2006－2020 年）》提出要营造激励自主创新的环境，推动企业成为技术创新的主体，并出台了七条金融政策来促进科技创新创业。这为加速推进我国科技金融发展、不断提升我国科技创新能力、推动产业转型升级指明了前进方向。当前，我国金融科技发展方兴未艾。在此背景下，推动科技金融深度发展是促进科技成果转化的强大动力，是催化创新经济的重要手段，是培育发展战略性新兴产业的重要举措，对金融业和科技产业的高质量发展意义重大。

第一节　文献综述

一、科技金融评价

对科技金融的评价，目前主要有以综合指数法测度整体发展水平，以及以数据包络分析法（DEA）测度科技金融发展效率两种方式。第四章已经针对我国区域科技金融发展水平进行了测度分析，本章主要利用数据包络分析法对科技金融发展效率进行测度分析。现有的文献多采用数据包络分析法来测度科技金融发展效率。由于数据包络分析模型具有同时处理、多投入多产出、客观赋权、可以进行效率分解、不需假设生产函数形式等诸多优点，故在计算效率方面应用十分广泛。对科技金融发展效率的测度，重点在于投入产出指标的选取。整体看，文献对科技金融发展效率投入产出指标的选取主要从人员、经费等方面考虑。其中，投入指标一般包含 R&D 经费支出、R&D 人员数量、地方财政

① 本章部分内容已发表：王海芸，刘杨．2020．基于波士顿矩阵的科技金融发展分类策略研究．科学学研究，（6）：1018-1027.

科技支出、科技贷款额等；产出指标包含专利产出、高技术产业主营业务收入、高技术产业销售收入、国内生产总值、技术市场成交额等。如李俊霞和温小霓（2019）选用相对数值，构建了“金融资源”和“创新成果”质量视角的评价指标体系，其投入产出指标分别为企业资金投入、政府资金投入、市场金融资源投入以及专利质量、科技成果转化、国际竞争力，然后他们利用自引导数据包络分析模型（Bootstrap-DEA 模型）测度并对比分析了我国 27 个省（自治区、直辖市）的科技金融资源配置效率，探究了不同指标对效率的影响程度。戴志敏等（2017）运用数据包络分析模型，对我国 2005～2014 年 30 个省（自治区、直辖市）的科技金融发展效率进行了测度，选取的投入产出指标分别为 R&D 经费支出、地方财政科技拨款、科技产业固定资产投资以及高技术产品出口额、国内专利申请授权数、技术市场成交合同额，并结合变异系数、基尼系数和泰尔指数等方法从经济带、行政区与省级层面等视角对科技金融发展效率区域差异进行综合评价。本章在相关文献基础上，以科技金融体系为基础，投入指标主要从科技财税、创业风险投资、科技资本市场、科技金融环境四大方面考虑，产出指标主要从科技金融产出方面考虑，包含技术市场成交额、国内专利申请授权量、高技术产业新产品销售收入、高技术产品出口贸易额等方面。

综合现有文献看，对科技金融的评价，要么利用综合指数法测度不同地区、不同时间维度的科技金融发展水平，要么利用数据包络分析法测度不同地区的科技金融发展效率，而鲜有研究将综合指数法和数据包络分析法两种测度方法结合起来，分析不同区域科技金融发展水平和效率之间的不同组合情况。

科技金融发展综合指数测度的是一个地区的科技金融发展水平，综合了投入、产出、环境等各方面的因素，每个因素都对综合指数起着支撑作用；而科技金融发展效率测度的是一个地区的科技金融投入产出比，只有产出优势高于投入优势时，才是科技金融相对有效率的地区，那些整体投入产出指标高的地区可能科技金融发展效率并不高。单独的科技金融发展水平或者科技金融发展效率都较为片面，难以深入挖掘各个地区的科技金融发展特征。综合测度地区的科技金融发展水平和科技金融发展效率，一方面，可以单独从科技金融发展水平或者发展效率出发，观察不同评估维度下的地区表现，从中把握区域科技金融发展的整体态势；另一方面，能够观察不同地区科技金融发展水平和效率之间的不均衡性，再从指标寻找原因，能够更全面地指导地区的科技金融发展。因此，本章在评价科技金融水平时，从科技金融发展水平和科技金融发展效率两方面出发，分别利用综合指数法和数据包络分析法定量评价各个地区的科技金融水平。然后，利用波士顿矩阵，具体分析科技金融发展水平和效率之间的不同组合情况，并结合不同地区的科技金融发展特征给予针对性建议。

第二节　理论与方法

一、科技金融发展效率测度

（一）科技金融投入产出指标选取

根据上述文献及数据的可得性等原因，本章共选取 5 个投入指标和 4 个产出指标，如表 5-1 所示。其中，投入指标从人员、经费等角度考虑，包含地方财政科学技术支出、R&D 人员全时当量、挂牌公司股票发行金额、孵化器数量以及孵化企业获得风险投资额五个指标。产出指标主要从技术市场情况、专利申请授权情况、高技术产业发展情况等角度考虑，最终选取技术市场成交额、国内专利申请授权量、高技术产业新产品销售收入和高技术产品出口贸易额四个指标作为产出指标。

表 5-1　科技金融投入产出指标选取

分类	序号	具体指标
投入指标	1	地方财政科学技术支出
	2	R&D 人员全时当量
	3	挂牌公司股票发行金额
	4	孵化器数量
	5	孵化企业获得风险投资额
产出指标	6	技术市场成交额
	7	国内专利申请授权量
	8	高技术产业新产品销售收入
	9	高技术产品出口贸易额

（二）测算方法——数据包络分析

数据包络分析是以相对效率概念为基础发展起来的一种有效性评价方法，通过线性规划求解测算决策单元（decision making units，DMUs）的投入产出效率，属线性规划方法。数据包络分析思想最早源于 1957 年 Farrell（1957）提出的通过构造非参数线性凸面估计生产前沿的观点。1978 年，美国运筹学家 Charnes 等（1981）基于 Farrell 的方法，在确定性无参数前沿概念上，以相对效率为理论基础，提出了第一个数据包络分析模型：CCR 模型。CCR 是三个运筹学家姓氏缩写，即 A. Charnes、W. W. Cooper 和 E. Rhodes。本节将利用 CCR 模型来测算科技金融发展效率。

二、波士顿矩阵模型

波士顿矩阵，又称四象限分析法，由全球最顶尖的商业战略咨询公司之一的波士顿咨询公司（Boston Consulting Group）的创始人布鲁斯·亨德森首创。该矩阵最初用以分析和规划企业产品组合。其基本原理是将企业所有产品的销售增长率和市场占有率分别作为 *X* 轴和 *Y* 轴，以 10%的销售增长率和 20%的市场占有率为高低标准分界线，将坐标图划分为四个象限，企业可根据产品类别的不同，采取不同的经营模式，调整公司发展方向。

为了探究不同地区科技金融发展水平和科技金融发展效率之间的关系，本章利用波士顿矩阵模型，将科技金融发展水平和科技金融发展效率分别作为 *X* 轴和 *Y* 轴，并将每个象限的分界值选取为科技金融发展水平和科技金融发展效率的平均值，利用波士顿矩阵具体分析各个地区科技金融发展水平和效率之间的不同组合情况。

第三节　测度结果及分析

一、科技金融发展综合指数测度结果

根据第四章的研究结果，本书依据科技金融发展的指标体系测算了 2016

年我国[①]的科技金融发展水平。从科技金融发展综合指数来看，排名全国前十的省（直辖市）分别为北京、广东、江苏、上海、浙江、天津、山东、福建、安徽和重庆，排名后十的省（自治区）为贵州、黑龙江、山西、广西、新疆、云南、宁夏、内蒙古、海南和青海，详见表 4-4。

二、科技金融发展效率测度

选用数据包络分析的 CCR 模型、BBC 模型，使用数据包络分析软件（MYDEA 软件），利用 2014～2017 年四年数据，对中国 30 个省（自治区、直辖市）的科技金融发展效率进行测度，得到科技金融发展效率、纯技术效率和规模效率数值。然后计算各省（自治区、直辖市）效率的四年平均值，结果如表 5-2 所示。

中国 30 个省（自治区、直辖市）的科技金融发展效率平均值为 0.825，纯技术效率平均值为 0.865，规模效率平均值为 0.956。整体看，我国科技金融发展效率处于较高水平，共有 20 个省（自治区、直辖市）的科技金融发展效率高于全国平均值。

表 5-2　中国 30 个省（自治区、直辖市）科技金融发展效率

省（自治区、直辖市）	科技金融发展效率	纯技术效率	规模效率
北京	1.000	1.000	1.000
广东	1.000	1.000	1.000
重庆	1.000	1.000	1.000
青海	1.000	1.000	1.000
陕西	0.998	0.999	0.999
浙江	0.972	0.981	0.991
上海	0.967	0.978	0.988
云南	0.959	0.963	0.995
天津	0.952	0.957	0.995
河南	0.922	0.951	0.970

① 本章所指的我国数据不包括西藏、台湾、香港、澳门数据。

续表

省（自治区、直辖市）	科技金融发展效率	纯技术效率	规模效率
福建	0.903	0.913	0.989
四川	0.881	0.886	0.994
江苏	0.874	0.995	0.878
湖北	0.858	0.953	0.900
江西	0.855	0.878	0.973
贵州	0.851	0.865	0.985
甘肃	0.848	0.860	0.986
新疆	0.835	0.906	0.922
广西	0.828	0.830	0.998
湖南	0.826	0.831	0.994
安徽	0.779	0.916	0.850
山东	0.758	0.928	0.816
河北	0.703	0.729	0.964
宁夏	0.697	0.747	0.933
辽宁	0.692	0.704	0.983
山西	0.651	0.655	0.993
黑龙江	0.636	0.646	0.985
海南	0.588	0.929	0.633
内蒙古	0.476	0.486	0.979
吉林	0.451	0.460	0.981

如图 5-1 所示，科技金融发展效率为 1 的有北京、广东、重庆、青海共 4 个地区，占比为 13.3%，表明这 4 个地区在定量的科技金融投入时达到了产出的最大化，处于最优前沿面上。30 个省（自治区、直辖市）中，共有 20 个省（自治区、直辖市）的科技金融发展效率高于全国平均值，占比 66.7%，分别为北京、广东、重庆、青海、陕西、浙江、上海、云南、天津、河南、福建、四川、江苏、湖北、江西、贵州、甘肃、新疆、广西、湖南。此外，内蒙古和吉林的科技金融发展效率低于 0.5，处于较低水平，亟待提高。

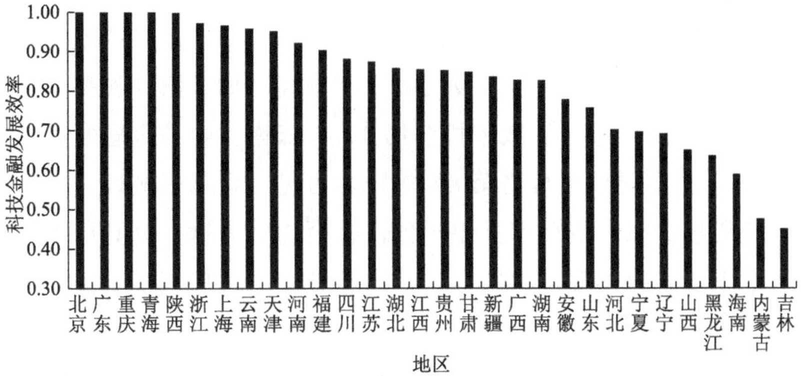

图 5-1　中国 30 个省（自治区、直辖市）科技金融发展效率

三、科技金融发展水平和发展效率波士顿矩阵结果

整体看，我国科技金融发展水平和科技金融发展效率不一致、不协调现象突出。如图 5-2 所示，在 30 个地区中，共有 15 个地区的科技金融发展水平和科技金融发展效率存在不一致现象，占比达 50%。一方面，一些科技金融发展水平很高的地区其科技金融发展效率却不高，如山东（科技金融发展水平排名第 7，科技金融发展效率排名第 22）、安徽（科技金融发展水平排

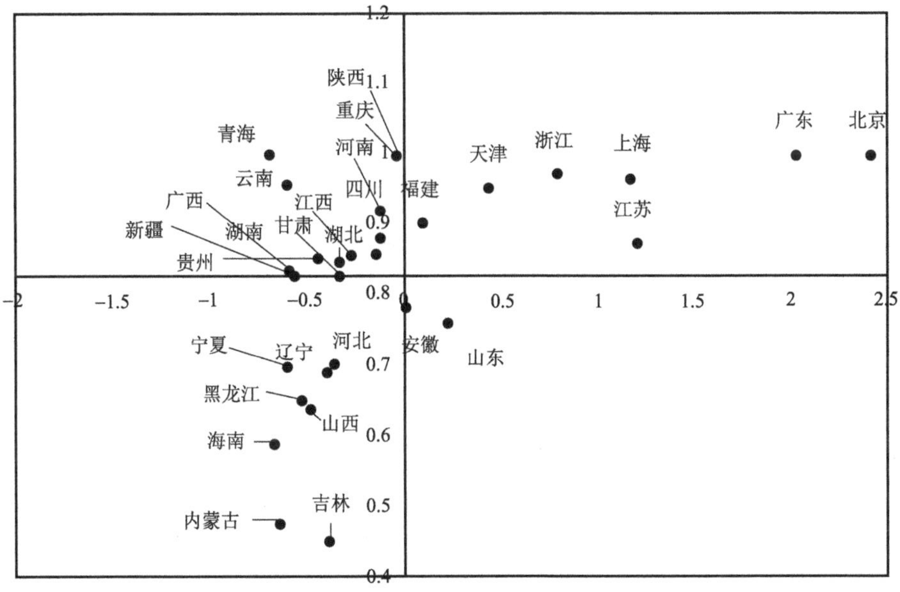

图 5-2　科技金融发展水平和发展效率波士顿矩阵图

名第 9，科技金融发展效率排名第 21）等地；另一方面，一些地区的科技金融发展水平不高，但其科技金融发展效率却很高，如青海（科技金融发展水平排名第 30，科技金融发展效率排名第 4）、云南（科技金融发展水平排名第 26，科技金融发展效率排名第 8）等地。可见，我国很多地区的科技金融发展水平和科技金融发展效率并不一致，甚至南辕北辙。究其原因，科技金融发展水平主要看投入和产出的存量，而科技金融发展效率则主要是看投入产出效率。

结合科技金融发展水平和科技金融发展效率的不同发展情况，将我国科技金融发展分为“高-高型”“高-低型”“低-高型”“低-低型”四种模式，如表 5-3 所示。

表 5-3　科技金融发展四种模式

象限	名称	特征	地区
第一象限	“高-高型”	科技金融发展水平高，科技金融发展效率高	北京、广东、江苏、上海、浙江、天津、福建
第四象限	“高-低型”	科技金融发展水平高，科技金融发展效率低	安徽、山东
第二象限	“低-高型”	科技金融发展水平低，科技金融发展效率高	重庆、陕西、四川、湖南、湖北、甘肃、广西、新疆、云南、青海、河南、江西、贵州
第三象限	“低-低型”	科技金融发展水平低，科技金融发展效率低	吉林、内蒙古、黑龙江、宁夏、辽宁、河北、海南、山西

（1）“高-高型”：位于第一象限，是科技金融发展水平和科技金融发展效率均高的地区，包含北京、广东、江苏、上海、浙江、天津和福建共 7 个地区。这些地区不仅科技金融发展水平较高，而且在高发展水平下，保持着较高的发展效率，科技金融资源的利用程度高。以北京市为例，北京科技金融产出指标在全国优势显著，同时科技金融资源集聚效应也比较突出，所以北京市的整体科技金融发展水平较高，综合指数在全国排名第一。同时，北京的科技金融产出指标的优势远高于投入指标，如技术市场成交额达 4487 亿元，全国排名第一，是全国平均水平的 10 余倍，但挂牌公司股票发行金额、R&D 人员全时当量等投入指标表现均一般，所以北京市的科技金融发展效率很高，处于最优前沿面上。上海市作为金融中心，无论在科技金融发展水平

还是科技金融发展效率方面，都处于全国前列。上海科技金融发展效率较高的主要原因在于其高技术产品出口贸易额远高于全国其他地区，但其他产出指标对于其效率提升的带动作用不明显。

（2）“高-低型”：位于第四象限，是科技金融发展水平高，但科技金融发展效率低的地区，包括安徽和山东 2 个省。说明这两个地区拥有较多的科技金融资源，但资源的利用程度相对较低。其中，山东整体投入指标和产出指标表现优异，所以其综合指数水平较高。但山东产出指标和投入指标的相对优势不一致，山东挂牌公司股票发行金额、孵化器数量等投入指标均是全国平均水平的 2.4 倍，然而科技金融产出指标中技术市场成交额仅为全国平均水平的 1.2 倍，导致山东虽然科技金融发展水平较高，但科技金融发展效率一般。

（3）“低-高型”：位于第二象限，是科技金融发展水平不高，但科技金融发展效率高的地区，含重庆、陕西、四川、湖南、湖北、甘肃、广西、新疆、云南、青海、河南、江西、贵州共 13 个地区。这些地区虽然科技金融发展的存量不大，但在相同的产出下，这些地区的投入相对较少，投入产出效率较高。以青海为例，其科技金融投入指标和产出指标在全国均处于下游，绝大多数指标的排名均列第 30，所以其整体的科技金融发展水平并不高，科技金融发展综合指数位列全国末位。然而，青海省的科技金融发展效率却很高，处于最优前沿面上，原因是其产出指标中技术市场成交额较高，在全国排名第 24，而其 5 个投入指标在全国均排名第 30 位，属于最少的科技金融投入。

（4）“低-低型”：位于第三象限，是科技金融发展水平和科技金融发展效率均不高的地区，包括吉林、内蒙古、黑龙江、宁夏、辽宁、河北、海南、山西共 8 个地区，主要位于东北和华北地区。这几个地区的科技金融资源较少，而且科技金融资源的利用程度也较低。以内蒙古为例，其科技金融投入指标和产出指标在全国列第 20～30 名，整体处于中下游水平，且没有优势显著的科技金融指标，所以其整体的科技金融发展综合指数不高，排名全国第 28 位。另一方面，和科技金融投入指标相比，内蒙古的科技金融产出指标也不具优势，国内专利申请授权量、技术市场成交额、高技术产业新产品销售收入分别位列第 27 位、第 27 位、第 21 位，而其 5 个投入指标——地方财政科学技术支出、R&D 人员全时当量、挂牌公司股票发行金额、孵化器数量、孵化企业获得风险投资额分别位列第 26 位、第 21 位、第 19 位、第 24 位、第 26 位。可以看出，内蒙古科技金融发展水平不高，同时其投入指标比产出指标更具相对优势，所以内蒙古的科技金融发展效率也较低。

第四节　分类策略探讨

目前，科技金融发展日益高端化、体系化，逐步由服务科技创新和产业发展前端、低端环节向服务后端、高端环节转变；服务供给逐步网络化，由线下服务供给为主向线下线上相结合转变；服务链条越发细分化，服务能力向深度拓展，同时更加注重精准服务；在新一代信息技术的推动下，科技金融服务行业领域进一步增加，为推动地方经济转型升级、提质增效开辟了更加广阔的空间，也充分展现了科技金融服务未来强力支撑创新驱动发展战略在各地区落地的无限潜力。

本章以 2016 年数据为基础，测算了中国 30 个省（自治区、直辖市）的科技金融发展水平；以 2014～2017 年 4 年数据为基础，测算了中国 30 个省（自治区、直辖市）的科技金融发展效率水平，因为用连续数据测算效率能减少一些不确定性。其中，科技金融发展水平排名全国前十的省（直辖市）分别为北京、广东、江苏、上海、浙江、天津、山东、福建、安徽和重庆；科技金融发展效率排名全国前十的省（直辖市）分别为北京、广东、重庆、青海、陕西、浙江、上海、云南、天津和河南。研究发现，约一半的地区科技金融发展水平和科技金融发展效率之间存在显著的不一致性，然后利用波士顿矩阵模型总结了我国科技金融的四种发展模式，即“高-高型”“高-低型”“低-高型”“低-低型”。

（1）对“高-高型”地区，应该继续保持科技金融资源的投入，同时保持科技金融高速度、高效率发展，并加大对科技金融新业态的培育。这些地区是我国科技金融发展强市，一方面，应该充分利用发展优势，加快科技金融资金、人才的集聚，从优化营商环境和创新金融环境入手，吸引高新技术企业及人才创新创业；另一方面，应强化上述地区的辐射带动作用，加强对周边城市的技术辐射和金融辐射，同时因地制宜，合理布局上中下游产业，带动周边地区协同发展，完善科技金融链条，带动区域科技金融整体水平的提高。

（2）对“高-低型”地区，应该保持科技金融资源的投入，同时着重提高科技金融资源的利用效率，不断完善金融市场效率和结构。一方面，政府应该强化金融服务意识，为科技企业提供多渠道、多层次的科技金融服务，逐步打通政产学研通道，将科技资源与金融资源更方便、更容易、更紧密地对接，促进科技成果转化，从而优化科技金融结构，促进科技金融发展效率的提升。另一方面，科技企业应该逐步提升自主创新能力，完善企业治理和管理模式，提高金融资金的利用效率，推动科技金融发展效率的提升。

（3）对“低-高型”地区，应该逐步完善科技金融融资体系，扩大地区金融规模，加强科技与金融的融合发展。一方面，政府应该扩大地区金融规模，设立政府引导基金，鼓励创新企业发展，同时鼓励民营资本进入创新创业领域，不断加大对科技创新企业的资金支持，完善营商环境；另一方面，应该加强和完善科技金融产品的创新，创新投资融资模式，拓宽科技企业融资渠道，还应不断结合大数据、云计算、区块链等新兴技术，形成科技金融的新形态，发挥区域多方力量，提高科技企业的创新能力和研发功能。

（4）对“低-低型”地区，政府应该加大政策支持和财税支持，不断优化市场软环境，重构科技金融良性发展格局。一方面，应该逐步增大对科技金融领域的资源投入，从科技财税、创业风险投资、科技资本市场等角度出发，加大科技信贷支持，鼓励新创企业发展，吸引风险投资及种子投资，鼓励科技企业上市挂牌等；另一方面，在科技金融资源投入的同时，要不断提升科技金融发展效率。鼓励资金、技术和人才等要素向创新型科技企业集聚，促进科技金融发展效率的优化。

第五节 研 究 展 望

目前，对科技金融发展水平和科技金融发展效率之间的关联关系研究较少。本章创新性地结合了综合指数法和数据包络分析法两种方法，对中国30个省（自治区、直辖市）的科技金融进行了评估，得出了一些有价值的结论，但研究还存在一些不足之处：一是囿于数据可得性等因素，在对科技金融发展综合指数和科技金融发展效率测度时选用的指标还需要进一步优化。如在测度科技金融发展综合指数时，科技信贷、科技保险是科技金融的重要组成部分，但由于缺乏统计性指标及可比性数据，并未加入科技信贷和科技保险方面的指标。建议在下一步研究时，拓宽数据的搜集渠道，辅以问卷调查、专家评价等方法，不断健全指标体系。在测度科技金融发展效率时，由于数据难以获取、不可持续等原因，指标的选取也并非最优。如在投入指标中，政府引导基金规模是科技财税的重要表现，但由于缺乏统计数据，也无更好的可替代指标，投入产出指标体系还需进一步优化。二是本章属于探索性的研究，在理论深度和方法适用性方面还需要进一步探索。未来，随着大数据、云计算、区块链、5G、互联网等新兴技术的不断涌现，科技金融也将与这些新技术不断结合产生新业态。未来，也应深入探讨加入这些科技金融发展新业态的考核指标，从而进一步完善科技金融发展水平、效率、发展潜力之间的关联研究。

参考文献

戴志敏，郑万腾，杨斌斌．2017．科技金融效率多尺度视角下的区域差异分析．科学学研究，(9)：1326-1333.

李俊霞，温小霓．2019．中国科技金融资源配置效率与影响因素关系研究．中国软科学，(1)：164-174.

王海芸，刘杨．2020．基于波士顿矩阵的科技金融发展分类策略研究．科学学研究，(6)：1018-1027.

Banker R D, Charnes A, Cooper W. 1984. Some models for estimating technical and scale inefficiency in data envelopment analysis. Management Science, 30: 1078-1092.

Charnes A, Cooper W W, Rhodes E. 1981. Evaluating program and managerial efficiency: an application of data envelopment analysis to program follow through. Management Science, 27(6): 668-697.

Farrell M J. 1957. The measurement of productive efficiency. Journal of the Royal Statistical Society: Series A (General), 120: 253-281.

第六章 我国科技金融发展的政策分析

第一节 科技金融政策的框架体系

随着我国经济体制改革的不断深入，我国科技金融的发展由过去单一的科技贷款发展至创业风险投资、银行信贷、资本市场、科技保险等在内的多元化、多层次、多渠道的体系。特别是，《国家中长期科学和技术发展规划纲要（2006—2020 年）》及其若干配套政策的制定与出台，为科技金融政策奠定了坚实基础。此后，中共中央相关部门和地方政府均出台了一系列的科技金融政策，如表 6-1 所示。

表 6-1 综合性的科技金融政策体系

序号	主要的科技金融政策	颁布部门	颁布时间	主要内容
1	《国家中长期科学和技术发展规划纲要（2006—2020 年）》	国务院	2005 年	实施促进创新创业的金融政策[①]
2	《国家中长期科学和技术发展规划纲要（2006—2020 年）》若干配套政策[②]	国务院	2006 年	加强政策性金融对自主创新的支持。 引导商业金融支持自主创新。 改善对中小企业科技创新的金融服务。 加快发展创业风险投资事业。 建立支持自主创新的多层次资本市场。 支持开展对高新技术企业的保险服务。 完善高新技术企业的外汇管理政策

① 中华人民共和国国务院.《国家中长期科学和技术发展规划纲要（2006—2020 年）》. http://www.gov.cn/gongbao/content/2006/content_240244.htm[2006-02-07].

② 国务院关于印发实施《国家中长期科学和技术发展规划纲要（2006—2020 年）》若干配套政策的通知. http://www.gov.cn/zwgk/2006-02/26/content_211553.htm[2006-02-07].

续表

序号	主要的科技金融政策	颁布部门	颁布时间	主要内容
3	《关于印发〈促进科技和金融结合试点实施方案〉的通知》	科技部、中国人民银行、银监会、证监会、保监会	2010年	科技部、中国人民银行、银监会、证监会、保监会决定联合开展“促进科技和金融结合试点”
4	《国家科技成果转化引导基金管理暂行办法》	财政部、科技部	2011年	加速推动科技成果转化与应用，引导社会力量和地方政府加大科技成果转化投入，中央财政设立国家科技成果转化引导基金①
5	《关于促进科技和金融结合加快实施自主创新战略的若干意见》	科技部、财政部、中国人民银行、国务院国有资产监督管理委员会、国家税务总局、银监会、证监会、保监会	2011年	（1）充分认识科技和金融结合的重要意义； （2）优化科技资源配置，建立科技和金融结合协调机制； （3）培育和发展创业投资； （4）引导银行业金融机构加大对科技型中小企业的信贷支持； （5）大力发展多层次资本市场，扩大直接融资规模； （6）积极推动科技保险发展； （7）强化有利于促进科技和金融结合的保障措施； （8）加强实施效果评估和政策落实②
6	《科技部关于印发进一步鼓励和引导民间资本进入科技创新领域意见的通知》	科技部	2012年	进一步鼓励和引导民间资本进入科技创新领域，提升民营企业技术创新能力，促进民间投资和民营企业健康发展
7	《中共中央 国务院关于深化科技体制改革加快国家创新体系建设的意见》	中共中央、国务院	2012年	促进科技和金融结合，创新金融服务科技的方式和途径③
8	《国务院办公厅关于金融支持经济结构调整和转型升级的指导意见》	国务院办公厅	2013年	更好地发挥金融对经济结构调整和转型升级的支持作用，更好地发挥市场配置资源的基础性作用，更好地发挥金融政策、财政政策和产业政策的协同作用，优化社会融资结构，持续加强对重点领域和薄弱环节的金融支持，切实防范化解金融风险

① 关于印发《国家科技成果转化引导基金管理暂行办法》的通知. http://www.most.gov.cn/tztg/201107/t20110707_88042.htm[2011-07-07].

② 关于促进科技和金融结合加快实施自主创新战略的若干意见. http://www.most.gov.cn/fggw/zfwj/zfwj2011/201111/t20111102_90639.htm[2011-11-02].

③ 中共中央 国务院关于深化科技体制改革加快国家创新体系建设的意见. http://www.gov.cn/gongbao/content/2012/content_2238927.htm[2012-09-23].

续表

序号	主要的科技金融政策	颁布部门	颁布时间	主要内容
9	《中共中央 国务院关于深化体制机制改革加快实施创新驱动发展战略的若干意见》	中共中央、国务院	2015年	强化金融创新的功能。发挥金融创新对技术创新的助推作用，培育壮大创业投资和资本市场，提高信贷支持创新的灵活性和便利性，形成各类金融工具协同支持创新发展的良好局面①
10	《关于推广支持创新相关改革举措的通知》	国务院办公厅	2017年	推广3项科技金融创新、5项创新创业政策环境改革、2项外籍人才引进改革、3项军民融合创新改革
11	《〈关于推动民营企业创新发展的指导意见〉的通知》	科技部、中华全国工商业联合会	2018年	针对民营中小微企业融资难、融资贵问题，发展完善科技金融，形成科技创新与创业投资基金、银行信贷、融资担保、科技保险等各种金融方式深度结合的模式和机制，为民营中小微企业营造良好投融资环境。鼓励有影响、有实力的民营金融机构，通过设立创业投资基金、投贷联动、设立服务平台开展科技金融服务等方式，为民营中小微企业提供投融资支持②
12	《〈关于进一步推进中央企业创新发展的意见〉的通知》	科技部、国务院国有资产监督管理委员会	2018年	主要目标是建立特色鲜明、要素集聚、活力迸发的中央企业创新体系；突破一批核心关键技术，在若干重点产业领域形成一批具有国际影响力和竞争力的创新型中央企业；取得一批对国家经济社会发展具有重要作用的创新成果，推动高质量发展，为我国建成创新型国家和现代化经济体系提供强有力的支撑③
13	《关于全面推进金融业综合统计工作的意见》	国务院办公厅	2018年	加快推进金融业综合统计，是有效监测金融服务实体经济成效、提高服务效率的关键信息基础，是前瞻性防范化解系统性金融风险、维护金融稳定的迫切需要，是全面深化金融体制改革、建立现代金融体系的重要举措④
14	《关于进一步深化小微企业金融服务的意见》	中国人民银行、银保监会、证监会、国家发展和改革委员会（简称国家发展改革委）、财政部	2018年	继续实施稳健中性的货币政策，保持货币信贷总量合理稳定增长，为小微企业融资发展提供良好的金融环境。综合运用公开市场操作、中期借贷便利等货币政策工具，为金融机构发放小微企业贷款提供流动性支持

① 中共中央 国务院关于深化体制机制改革加快实施创新驱动发展战略的若干意见. http://www.gov.cn/xinwen/2015-03/23/content_2837629.htm[2015-03-23].

② 科技部 全国工商业联印发《关于推动民营企业创新发展的指导意见》的通知. http://www.gov.cn/gongbao/content/2018/content_5338239.htm[2018-05-18].

③ 科技部 国资委印发《关于进一步推进中央企业创新发展的意见》的通知. http://www.gov.cn/gongbao/content/2018/content_5327472.htm[2018-04-19].

④ 国务院办公厅关于全面推进金融业综合统计工作的意见. http://www.gov.cn/zhengce/content/2018-04/09/content_5280995.htm[2018-04-09].

续表

序号	主要的科技金融政策	颁布部门	颁布时间	主要内容
15	《推进普惠金融发展规划（2016—2020年）》	国务院	2015年	从国家层面确立普惠金融的实施战略
16	《中华人民共和国促进科技成果转化法》	全国人民代表大会	2015年	打通科技与经济结合通道，从法律层面创新主体转移转化科技成果
17	《国家创新驱动发展纲要》	中共中央、国务院	2016年	国家创新驱动发展纲要的系统谋划和顶层部署
18	《关于深化投融资体制改革的意见》	中共中央、国务院	2016年	坚持企业投资核准范围最小化，原则上由企业依法依规自主决策投资行为；探索建立并逐步推行投资项目审批首问负责制；探索建立多评合一、统一评审的中介服务新模式
19	《国务院关于印发〈“十三五”国家科技创新规划〉的通知》	国务院	2016年	完善科技与金融结合机制，大力发展创业投资和多层次资本市场
20	《关于构建绿色金融体系的指导意见》	中国人民银行、财政部、国家发展改革委、环境保护部、银监会、证监会、保监会	2016年	支持我国经济向绿色化转型，促进环保、新能源、节能等领域的技术进步，加快培育新的经济增长点，提升经济增长潜力①
21	《〈关于推动民营企业创新发展的指导意见〉的通知》	科技部、中华全国工商业联合会	2018年	针对民营中小微企业融资难、融资贵问题，发展完善科技金融，形成科技创新与创业投资基金、银行信贷、融资担保、科技保险等各种金融方式深度结合的模式和机制，为民营中小微企业营造良好投融资环境。鼓励有影响、有实力的民营金融机构，通过设立创业投资基金、投贷联动、设立服务平台开展科技金融服务等方式，为民营中小微企业提供投融资支持②
22	《关于进一步深化小微企业金融服务的意见》	中国人民银行、银保监会、证监会、国家发展改革委、财政部	2018年	加大金融科技等产品服务创新。银行业金融机构要加强对互联网、大数据、云计算等信息技术的运用，改造信贷流程和信用评价模型，降低运营管理成本，提高贷款发放效率和服务便利度。支持开发性、政策性银行以转贷形式向银行业金融机构批发资金，建立单独的批发资金账户，实行台账管理，确保资金专门用于支持小微企业。创新开展知识产权、仓单、存货等抵质押融资业务

① 七部委印发《关于构建绿色金融体系的指导意见》. http://www.scio.gov.cn/32344/32345/35889/36819/xgzc36825/Document/1555348/1555348.htm[2016-08-31].

② 科技部 全国工商联印发《关于推动民营企业创新发展的指导意见》的通知. http://www.gov.cn/gongbao/content/2018/content_5338239.htm[2018-05-18].

续表

序号	主要的科技金融政策	颁布部门	颁布时间	主要内容
23	《关于扩大国有科技型企业股权和分红激励暂行办法实施范围等有关事项的通知》	财政部、科技部、国务院国有资产监督管理委员会	2018年	将国有科技型中小企业、国有控股上市公司所出资的各级未上市科技子企业、转制院所企业投资的科技企业纳入激励实施范围。①对国家认定的高新技术企业不再设定研发费用和研发人员指标条件
24	《关于推动创新创业高质量发展打造"双创"升级版的意见》	国务院	2018年	引导金融机构有效服务创新创业融资需求、充分发挥创业投资支持创新创业作用、拓宽创新创业直接融资渠道、完善创新创业差异化金融支持政策，进一步完善创新创业金融服务
25	《关于推广第二批支持创新相关改革举措的通知》	国务院办公厅	2018年	在改革试验区和全国推广知识产权保护、科技成果转化激励、科技金融创新、军民深度融合和管理体制创新等方面的 23 项举措。其中科技金融创新方面的5项措施分别是区域性股权市场设置科技创新专板；基于"六专机制"的科技型企业全生命周期金融综合服务；推动政府股权基金投向种子期、初创期企业的容错机制；以协商估值、坏账分担为核心的中小企业商标质押贷款模式；创新创业团队回购地方政府产业投资基金所持股权的机制②
26	《关于加强金融服务民营企业的若干意见》	中共中央办公厅、国务院办公厅	2019年	以公平公正、聚焦难点、压实责任、标本兼治四项基本原则通过综合施策，实现各类所有制企业在融资方面得到平等待遇，确保对民营企业的金融服务得到切实改善，融资规模稳步扩大，融资效率明显提升，融资成本逐步下降并稳定在合理水平，民营企业特别是小微企业融资难融资贵问题得到有效缓解，充分激发民营经济的活力和创造力③
27	《加强科技金融合作有关工作的通知》	科技部、中国邮政储蓄银行股份有限公司	2020年	（1）建立多层次联系合作机制； （2）保障国家和地方重大科技创新项目实施； （3）促进高新技术企业和科技型中小企业成长； （4）支持各类科技园区发展； （5）推动县域科技创新； （6）开展科技金融改革创新探索； （7）加强政策引导和联动④

① 关于扩大国有科技型企业股权和分红激励暂行办法实施范围等有关事项的通知. http://www.most.gov.cn/tztg/201810/t20181023_142390.htm[2018-10-23].

② 国务院办公厅关于推广第二批支持创新相关改革举措的通知. http://www.gov.cn/zhengce/content/2019-01/08/content_5355837.htm[2019-01-08].

③ 中共中央办公厅 国务院办公厅印发《关于加强金融服务民营企业的若干意见》. http://www.gov.cn/zhengce/2019-02/14/content_5365818.htm[2019-02-14].

④ 科技部 中国邮政储蓄银行关于加强科技金融合作有关工作的通知. http://www.most.gov.cn/xxgk/xinxifenlei/fdzdgknr/qtwj/qtwj2020/202002/t20200205_151410.html[2020-02-05].

科技金融政策制定的基本思路是：尊重科技金融规律，发挥政策对科技金融的引导、规范、激励和保障功能。科技金融是一项庞大的社会系统工程，涉及一个国家或地区的科技规划、金融政策、产业政策的贯彻，涉及不同管理部门职能的转化。从更广泛的视野来看，科技金融还涉及制度和文化层面。应从政策制定角度，构建政府调控、市场引导、行业自律、科技企业和金融机构等各方主体参与的科技金融政策框架。

科技金融政策的基本要点和方向通常包括：一是大力培育和发展服务科技创新的金融组织体系。二是加快推进科技信贷产品和服务模式创新。三是拓宽适合科技创新发展规律的多元化融资渠道。四是探索构建符合科技创新特点的保险产品和服务。五是加快建立健全促进科技创新的信用增进机制。六是进一步深化科技和金融结合试点。七是创新政策协调和组织实施机制。

第二节　科技金融政策的文本分析

一、政策文本来源

政策文本主要来源于中央层面的科技部官网，地方层面的人民政府、科学技术厅、科学技术委员会、科学技术局官网，以及中国法律资源库、北大法宝数据库，另有极少数政策文本来源于相关法律法规网站、新闻中心网站等，用于补充前述网站和数据库缺失的政策文本全文。

以科技金融作为主题项，从上述网站和数据库中进行搜索。鉴于部分政策文本相互重叠、内容关联度较低等情况，本书对初期收集的政策文本进行了筛选，存在以下三种情况的政策将不被纳入本章的分析范围：①不同层级政府和同级政府间互相转发的政策文件；②工作安排、会议通知、培训通知等；③其他无具体政策措施和实质内容的文件。经过筛选，共有 163 份政策文本被纳入本章的研究范畴，时间跨度为 2000～2017 年，文献形式包括办法、意见、细则、方案、规定、通知、措施、规划、计划等 13 种。

二、政策文本的量化分析

（一）时间分布

在时间分布上，中国科技金融政策的数量整体呈现增长趋势。其中，2006年、2009年、2013年和2016年的政策数量较相近年份的政策数量增长地更为明显，达到了相近年份中政策数量的峰值。在这四个年份的当年或者前一年，国家层面的重大创新战略和政策被相继提出，对当时及日后的科技政策产生了较为直接的影响。2006年，全国科技大会提出“自主创新、建设创新型国家”战略；2012年，十八大提出了创新驱动发展战略；2015年，国务院印发了《关于大力推进大众创业万众创新若干政策措施的意见》。因此，本章的后续分析将以2006年、2012年以及2015年作为重大时间节点，从2000～2005年、2006～2011年、2012～2014年、2015～2017年四个阶段，对科技金融政策文本进行共词聚类分析，挖掘不同阶段的政策特征、变迁过程以及发展规律。

（二）空间分布

在空间分布上，东部地区的科技金融政策数量远高于其他地区，西部和中部地区的政策数量相近，而东北地区的政策数量最少。中央层面制定的相关政策，则面向全国各个地区。另外，东部地区相关政策发展呈现出起步早、延续性强的特点，该地区不仅较早地颁布了相关政策，并且每年都会更新或颁布新的政策。

（三）发文形式及结构层次分布

据统计，中国科技金融政策的发文形式主要有办法、意见、细则、方案、通知、规程、规定、计划、措施、指引、规划、条例、纲要。不同发文形式所对应的发文主体存在一定的差异，其政策效力等级就存在客观差别。地方人民政府、地方科技主管部门是主要发文主体，其中，措施、方案、规程、规定、计划、意见等政策主要由地方人民政府颁布；办法、通知、细则、指引等政策主要由地方科技主管部门颁布；纲要、规划类的政策由中央科技主管部门颁布；条例则由地方人大及其常委会颁布。当前相关政策的效力等级较低，法律法规层面的政策数量较少。

基本层政策往往具化为促进科技金融发展的各项措施、基本政策工具，聚焦于具体某一领域，覆盖范围较为狭窄，但政策内容较为细致。该层次政策分别运用了税收优惠、补贴补助、人才引进和培养、基础设施建设等政策工具。

综合层政策整合了各类基本政策工具和措施，涉及财政、税收、人才、基建等各个方面，覆盖范围较广，综合性较强，但政策内容较基本层政策更为粗略。

战略层政策是指与科技金融长期发展密切相关的、具有前瞻性的理念、目标和宏观政策，该层次政策数量较少。

（四）主要突破

一是从战略层面不断强化科技金融顶层设计。其主要表现在：①从中央层面不断强化科技金融对金融创新的功能，发挥金融创新对技术创新的助推作用。中央相关部门不断出台全方位的科技金融政策文件，形成各类金融工具协同支持创新发展的良好局面。②不少地方出台相关科技金融政策，抢占科技金融中心建设先机，促进了科技金融体制机制创新，不断推进科技成果转化和战略性新兴产业发展。

二是界定科技信贷的服务对象标准。《关于进一步加大对科技型中小企业信贷支持的指导意见》（银监发〔2009〕37 号）结合中小企业标准指标的要素构成——企业职工人数、销售额、资产总额，并结合科技企业特点，在借鉴发达国家普遍采用标准产业分类法基础上，用 R&D 投入强度和企业产品（服务）属于《国家重点支持的高新技术领域》的范围等作为综合指标来进行科技型中小企业的标准界定。

三是建立以“六项机制”和“四单原则”为核心的小微企业金融服务长效机制，不断引导银行业金融机构完善利率风险定价机制，健全小微企业金融服务激励约束机制，探索小微企业贷款的独立核算机制、高效的审批机制，建立专业化的培训机制，从而实现小企业专营机构单列信贷计划、单独配置人力和财务资源、单独客户认定与信贷评审和单独会计核算。同时，将2015年银行业小微企业金融服务工作目标由以往单纯侧重贷款增速和增量的“两个不低于”调整为“三个不低于”，从增速、户数、申贷获得率等维度更加全面地考查小微企业贷款增长情况（陈卓群，2018），不断引导商业银行从单纯注重小微企业贷款量的增加，转变为更加注重服务质效的提高和服务覆盖面的扩大，使银行业金融资源惠及更多小微企业（王文珠，2015）。

四是促进银行突破股权投资障碍。科技部会同银保监会、国家开发银行、中国进出口银行共同对银行开展股权投资进行研究，研究制定了软贷款和特别融资账户政策，以创业投资和国家科技计划重大项目为试点，来开展股权投资。

五是强化非公众公司监督管理，建立全国统一的场外交易市场。加强对非上市公众公司监管，研究制定《非上市公众公司监督管理办法》，规范各类市场主体行为，明确监管系统内部职责分工（佚名，2015a）。同时，新三板市场作为多层次资本市场体系中的一部分，扮演着全国性场外交易市场的重要角色，为暂时难以满足主板和创业板上市条件的企业提供了一个优质的发展平台。

六是引导保险资金进入创业投资领域，建立首台（套）保险机制。《关于保险资金投资创业投资基金有关事项的通知》提出保险资金可以投资创业投资基金平台，创业投资基金主要投资创业企业普通股、优先股、可转换债券等权益，从而间接地支持小微企业发展（佚名，2015b）。《关于开展首台（套）重大技术装备保险试点工作的指导意见》提出，建立首台（套）重大技术装备保险补偿机制，切实发挥保险功能，分散重大技术装备应用风险。

三、政策存在的问题与建议

（一）政策存在的主要问题

一是缺乏科技金融整体的法律规范。现行的科技金融政策呈现较为松散，缺乏科技金融核心目标，导致现行政策难以形成合力。同时，大多数科技金融政策属于部门出台的指导性意见，层级较低，缺少相关的法律法规。

二是现行政策之间缺乏协同和配合。现行的科技金融政策政出多门，这与我国金融的分业监管体制紧密相关，因此各项科技金融支持存在不协调情况。现行科技金融政策大多从供给面出发，比较而言，基于创新和企业发展方面的需求面政策较少。

三是政策性金融支持科技创新的实施细则缺失。国家开发银行、中国进出口银行等与科技部签订的包括《科技部与国家开发银行开发性金融合作协议》《支持科技创新合作协议》等在内的各种协议，使国家开发银行、中国进出口银行在事实上行使着对高新技术产业和科技发展的政策性金融支持功能。《关于同意国家开发银行深化改革方案的批复》等也规定，加大对重点领域和薄弱环节的支持力度，强化对创新的支持，但是缺乏具体的实施细则。

四是缺乏良好的科技金融政策生态。科技金融政策生态环境指各种科技金融有关的经济、社会、法律、文化、制度等，包括信用体系、中介发展、产权制度、创新文化等。现行科技金融政策运行的基础性制度缺失，导致科技金融政策法规的执行和落地较为困难。

（二）完善建议

一是明晰科技金融政策法规的功能定位与核心目标。恰当的目标能够将现行各项科技金融政策凝聚在一起，从而形成有机整体（饶彩霞等，2013）。在构建科技金融政策法规体系之前，应该把握科技金融的本质特征，即为创新经济学的一个最重要分支，从而树立科技金融政策法规的核心目标，即以培育高附加价值产业、创造高薪就业岗位、提升经济体整体竞争力为目标。

二是增强科技金融政策之间的协同与合作。例如，强化创业投资与科技保险、创业投资与科技信贷、科技信贷与科技保险之间协同发展的政策。科技金融（饶彩霞等，2013）涉及部门较多，相关部门之间的协调合作成为必然趋势，因此需要进一步划清职责，由部门监管向功能监管转变，强化科技金融总体领导和部门协调。

三是在宏观层面确定政策性、开放性金融机构支持创新的职能，在坚持以政策性业务为主体的基础上，在操作层面细化支持创新的业务范围，通过多种金融工具的“组合拳”实现政策目标。

四是优化科技金融政策法规的环境。建议从信息披露、信用体系、产权制度、中介机构、文化政策等方面着手，不断降低科技金融政策法规的执行风险，促进科技金融的可持续发展。

第三节　科技金融政策的演变规律①

一、科技金融政策演化的核心范畴

以惯例、新奇与搜寻、选择过程为核心范畴，来分析科技金融政策的演化规律。

（一）惯例

Nelson 和 Winter 基于有限理性和知识分散性明确提出了“惯例”的概念，指出惯例为一种“组织基因”（孙晓华等，2010）。就我国而言，在改革开放初期，财政金融不分家，之后银行从财政系统分离出来，其功能主要是吸储和按照国家计划放贷，少量其他类型的金融机构和市场才刚刚开始发育，功能简单。由于社会主义制度的优越性，此阶段我国还保持着一定规模和水平的科学技术活动，其贡献主要表现在知识的超前储备以及国防力量的建构等方面，对社会生产力的总作用力较小，对科技的投资主要依靠财政性拨款，而且投资对象局限于政府附属科研院所。

随着改革的深入，政府、政策性银行和商业银行共同对基础设施联合投入、补助的机制开始形成；大量的为出口导向和进口替代的税收政策、外汇管制政策开始实施；服务于大型企业股权、债权流动的证券市场开始出现，交易量不断上升；金融机构的兴趣也主要集中在先进技术型机器、设备引进以及在本国（地区）的配套硬件设施投资上；多元化的金融机构开始成长，金融工具种类开始增多。由于技术密集度增加，经济运行复杂程度上升，各国（地区）发展的持久动力和表现也高度离散和差异化。在这一阶段，很多国家（地区）运用

① 本节部分内容首发于《中国软科学》，2019 年 3 月刊（张明喜等，2019）。

财政性工具和政策性金融工具开始部署“技术研究与开发性投资”，政府资金占全社会研究开发投入的份额较大，一般超过 50%，而对企业的资助多聚焦于技术模仿，特别是对关键机器设备的进口替代。因此，在各类科技投资中，主要以技术反向工程研究、科技园区基建和先进技术开发条件（研究基地、大型科研仪器和设备）建设等“硬件型”投资为主，此类投资在结果上也多表现为有形资产。有的国家（地区）在此阶段开始追求更大幅度的跨越，旨在掌握技术源头，以尽快摆脱技术依附地位。例如，1981 年日本确立了“技术立国”的新经济发展战略，该年也被称为日本的“技术立国元年”。实际上，日本在此前相当长的一段时间内就已进行了大量的赶超活动。20 世纪 70 年代，韩国也开始进行高强度的技术消化吸收投资，兴建科技工业园等。1995 年，中国提出科教兴国战略，2015 年发布《中共中央国务院关于深化体制机制改革加快实施创新驱动发展战略的若干意见》。因此，经济社会中与技术创新相关的交易费用强度较低，因而对降低交易成本的机制创新的需求不高。

（二）新奇与搜寻

惯例决定了行为主体的日常性习惯化行为，而新奇主要强调变异性和多样性，是遗传基因的变异并导致行为的变化（孙晓华等，2010）。Nelson 和 Winter 指出，变异是对惯例的破坏，搜寻过程可以看作企业发生变异的过程。Witt 认为，新奇创造取决于个体认知模式和社会制度，前者来自个体偏好或知识的主观性质，而后者则是“流行的思想习惯”（孙晓华等，2010）。

从科技金融的演化机制来看，随着金融市场效率大幅提高，储蓄向投资转化的成本降低，实际长期利率进入持续下行通道，但以科技创新为基础的无形投资活动将不可避免地产生高技术交易费用。科技金融已经或正在形成企业自有资金、金融资金、政府资金、跨国资金等有效联动的科技投融资体系，金融机构更加多元化，新兴金融和投资业态不断出现；灵活多变的债权、股权、新型混合权益工具和新兴金融市场更加有力地支持了长期、高风险的科学和技术创新投资。在实施严格保护制度的基础上，知识产权的资本化运营活跃程度大大提高，成为投资或并购的最重要资产；金融投资机构、金融产品、专业投资管理人与大量的技术和信息传播、评价机构和人才共同繁荣发展，保证了无形资产交易成本的相对降低。政府对科技投资的方式也较为灵活和间接，直接科技支出进一步向无形性和外溢性的基础和前沿领域推进；政府对技术的产业化和商业开发投入则强调与金融市场和私人部门的紧密衔接，公共私营合作制（PPP）在共性技术开发、引导技术创新投入方面开始大量实践，灵活的税收工具和其他杠杆性政策制度也不断出现。

（三）选择过程

对于社会经济系统来说，新奇或变异产生后，其他个体对创新者是模仿还是反对，取决于市场选择。Alchian 提出，任务选择机制的核心是市场竞争（孙晓华等，2010）。Nelson 和 Winter 认为，主体满意、惯例刚性等因素对选择具有决定性作用。Hayek 指出，选择包括个体生理性意义上的遗传选择、智力和知识演进过程的选择、在直觉和推理之间起关键作用的文化演化（孙晓华等，2010）。

科技金融体系在支撑经济启动、起飞的过程中，其资源动员力量和模式也得到了自我强化。选择过程主要体现在：一是从低生产率阶段向技术吸收阶段迈进过程中，一些产业部门在金融和投资机构的支持下获得成功，两者之间建立了显性或隐性的长期交易关系，资金分配主要在正式或非正式的“关系网络”中进行，创新部门获得资金难度较大。随着经济高速增长规模迅速变大，管理层级增多，科技金融对高知识、高技术密集型资产的信息处理成本上升。二是金融和投资机构对资本运作风险偏好趋同，不仅同一业态内投融资服务同质化，而且不同业态的投融资服务之间也出现同质化。三是由于金融业的标准化进程和安全性约束，传统金融直接或间接（有意或无意）地排斥现有体系内的创新和竞争或排斥新的投融资业态的出现和壮大。四是当有形要素，如土地、钢铁、矿石等被过度动员时，资源价格将在短期内迅速上涨，这时一般生产活动都会让位于投机活动，比一般生产活动还要“迂回”“艰难”的创新活动就会更加稀少。五是把知识密集型无形资产作为经济收益的主要源泉，所经过的道路相对较长，不确定性较大，前期花费的学习成本也较大，但能带来后期持续较高的收益率。依靠有形资产的经济模式虽然收益率低，但投入风险小、见效快。这个特点使得投资决策者难以下定决心。

六是形成无形资产的科技投资对外部的信用条件和法律制度的依赖性较高，同时科技投资所产生的终端产品进入市场一般还会面临另外一些壁垒，这也会影响前期的投资决策。

二、科技金融政策变迁的内在动因

科技金融政策演化具有连续性，它是人类长期积累继承与创新的矛盾统一。科技金融作为公共服务供给和国家治理现代化的制度创新，社会需求、经济基础、金融自身、制度环境和意识形态等因素的变革推动着科技金融演化发展。正如毛泽东（1991）在《矛盾论》中所指出的，“唯物辩证法认为外因是变化的条件，内因是变化的根据，外因通过内因而起作用”。

作为我国科技和经济改革的重要组成部分，科技金融改革既有与科技和经济改革相同的历史逻辑和发展脉络，也有一定的独有特征。

（一）实体经济发展的推动力

邓小平同志提出，金融是现代经济的核心（中共中央文献编辑委员会，1993）。国内外经济研究表明，各国都将实体经济以及以金融业为主要代表的金融（虚拟）经济作为现代经济的有机组成，二者之间需要保持良好的协调发展促进作用，特别是以金融业为代表的金融（虚拟）经济，是实体经济发展的重要驱动力和催化剂，金融创新发展伴随着实体经济的发展方式和结构调整的变化。当前，我国实体经济产业结构调整变化迅速，面临着主动性减速，同时对新兴经济的快速发展极为迫切，急需发挥金融机制优化配置资源推动实体经济可持续健康发展的积极作用。

促进经济发展方式转变和经济结构调整、深入落实创新驱动发展战略是我国当前时期的重要战略部署，中小企业创新创业和新兴产业的培育和发展对我国建设创新型国家具有重要作用。同时，创新经济也对传统金融服务提出了新的要求。由于创新经济不确定性强，高成长性、高科技性等特征明显，创新经济较之以往计划经济对金融服务的需求有着更广泛和个性化的需要，特别是当前新时期、新阶段，小微金融、创新金融等对金融服务的细分化、专业化和个性化提出挑战。伴随创新经济的深入发展，金融创新也必须与时俱进。

（二）注重提升资金供给能力的供给侧结构性改革

过去科技金融变革基本上是从供给方面展开的，其前提假设是科技金融需求与供给之间的巨大缺口是供给能力不足所致，因此改革的关键是提升供给能力和完善供给体系，主要包括以下方面。

一是供给形式的改革。改革初期，脱胎于计划体制的金融体系主要通过开设科技贷款科目的形式提供资金。随着市场化进程的深入，科技贷款科目取消。改革中更多采用了贷款贴息、无形资产质押贷款等供给形式。

二是供给方式的创新。从宏观层面看，供给方法的创新体现在不同类型的供给主体出现。科技金融供给源主要以政策性、商业性与合作性三种形式为主，其他多种金融供给形式作为补充。从中观层面看，除传统信贷外，其他多种类型的机构和业态的出现，丰富了科技金融供给形式。证券融资、融资租赁、科技保险、科技担保等融资模式表现出巨大的发展潜力。从微观层面看，供给方式的创新体现在科技金融产品和服务设计上。例如，围绕抵押形式、担保模式和信用体系建设，不断创新信贷产品，改变着传统的供给结构；围绕新型技术的应用，互联网金融、供应链金融等不断涌现。

（三）金融资本优化配置的通道

众所周知，金融体系的重要作用就是优化配置社会资源，通过直接融资、间接融资等多种方式，将不同风险——收益禀赋的社会资本配置到实体经济当中。特别是当前经济环境下，我国改革开放40多年来积累了大量的社会民间资本，但与此同时，有效、长期的投资渠道却并不多。这也导致了社会民间资本在一定时期内涌入某些产业领域和金融领域，造成产能过剩和金融泡沫等问题，部分资金甚至外流，这对配置社会金融资源的手段和效率要求更高，因此对进一步促进金融创新等提出了新的要求。

（四）金融资本逐利性始终存在

科技金融发展过程中，金融资本的逐利性始终存在，不会由于科技金融的政策性禀赋而改变，这一内在动因促使科技金融不断演化。因此，在科技金融发展过程中，金融的逐利本性必然是短期眼光，有时其表现与国家利益不一致，构建激励—约束机制是值得长期解决和优化的课题。同时制定引导金融为国家长远利益服务的措施，如加强科技金融治理等，都亟须破题。

（五）所有制改革因素的需要

伴随中国特色社会主义市场经济发展，我国所有制改革也从传统意义上的全民所有制和集体所有制向更加符合社会主义市场经济发展规律的方向不断探索和改革。其中，所有制改革的主体部分，是国有企业为代表的公有制如何适应社会主义市场经济的问题，特别是当前推动的混合所有制改革，有助于盘活国有资产存量、实现国有企业政企分开，为资金大规模聚合运作以及生产要素最优配置以及国有企业顺利转制提供了机会。在所有制改革过程中，需要金融体系创新服务的支持和配合，如大量金融机构股权结构变化所间接引发的金融服务创新，以及通过资本市场价格发现和股权流转功能等实现国资产权的合理流通、转制等。

（六）试错性的渐进式改革

从时间维度上看，改革面临的问题是在不断变化的，因此允许在改革进程中犯错误，以最小的成本换取更多的经验和教训，及时调整思路与方向（郭连强和祝国平，2017）。例如，率先成立的中国新技术创业投资公司主要发起股东为国家科学技术委员会（持股 40%）、财政部（持股 23%）等，成立时资金只有约 1000 万美元。成立初期，对中国创业投资业做出了贡献，但后来因违规炒作房地产和期货而于 1998 年 6 月被中国人民银行宣布终止金融业务并进行清算①。

从空间维度看，我国各地区科技资源和金融资源禀赋差异巨大，改革过程中要处理好共性与个性的关系，只能通过地方试点后，或总结推广或因地制宜地吸收借鉴，并允许地方政府有一定的权限进行试错，鼓励地方政府对科技金融创新有一定的容忍度，通过对试点结果的评价来确定改革路径，以最大限度地降低改革的阻力和成本（郭连强和祝国平，2017）。科技部、中

① 中国第一家创业投资公司：中国新技术创业投资公司. http://blog.sina.com.cn/s/blog_6d3aa10c0100siya.html[2011-07-20].

国人民银行、中国银行保险监督管理委员会、证监会共同开展了两批促进科技和金融结合试点，融合创业投资、银行信贷、多层次资本市场、科技保险等多元化金融资源，共同支持科技创新发展，对突破企业融资瓶颈、促进科技成果转化、培育和发展战略性新兴产业发挥了重要作用。

（七）科技金融的从属性改革

科技金融发展过程无论是在功能定位，还是在改革路径上都从属于科技体制改革，受科技体制整体改革的驱动。

一是功能定位上的从属性。科技金融承担着资金要素配置的重要任务，但从产业属性上属于现代服务业，这种属性决定了金融改革在功能定位上的从属性（郭连强和祝国平，2017）。随着科技体制改革的深入，科技金融的功能逐步从为科技活动提供资本，转变成为创新驱动发展提供支撑。

二是改革路径的从属性。科技金融发展路径的选择紧密围绕科技体制整体改革设计。一方面，科技体制改革的强制性制度变迁路径决定了科技金融发展的路径必然以体制改革和政策创新为驱动，以结构调整、功能调整为具体措施，形成自上而下的改革主体路径（郭连强和祝国平，2017）。例如，1985 年中共中央颁布《关于科学技术体制改革的决定》，明确提出允许以创业投资的方式支持具有较高风险的高新技术企业发展。另一方面，科技体制改革中，对科技金融自发创新及地方改革探索的容忍和吸收，形成了科技金融诱致性制度改革路径（郭连强和祝国平，2017）。

参考文献

陈卓群. 2018. JT 银行江苏省分行小微企业信贷业务流程优化研究. 东南大学硕士学位论文.
郭连强, 祝国平. 2017. 中国农村金融改革 40 年：历程、特征与方向. 社会科学战线, (12): 39-51.
刘承哲. 2018. 金融业参与风险投资的现状与监管. 大众投资指南, (24):2-4.
毛泽东. 1991. 毛泽东选集. 第一卷. 2 版. 北京：人民出版社: 299-340.
饶彩霞, 唐五湘, 周飞跃. 2013. 我国科技金融政策的分析与体系构建. 科技管理研究, (20): 31-35.

孙晓华，邵珊，孙笑竹. 2010. 演化经济学研究综述. 中国地质大学学报(社会科学版)，10(5)：119-124.

王文珠. 2015. 新常态下支农支小新对策. 中国农村金融，(7)：36-38.

佚名. 2015a. 非上市公众公司监管加强 资本市场改革和监管转型将加快. 中国战略新兴产业，(12)：15.

佚名. 2015b. 保监会发布《关于保险资金投资创业投资基金有关事项的通知》. 大众理财顾问，(1)：13.

张明喜，郭腾达，张俊芳. 2019. 科技金融发展 40 年：基于演化视角的分析. (3)：20-33.

中共中央文献编辑委员会. 1993. 邓小平文选. 第三卷. 北京：人民出版社：366.

第七章　科技金融发展的国际经验借鉴

科学技术是第一生产力，金融是现代经济的核心。科技和金融紧密结合、联动发展，是变革生产生活方式的强大动力，也是促进科技成果转化、催化创新经济、培育战略性新兴产业的重要举措。“他山之石，可以攻玉。”美国、欧盟等经济体在科技金融方面实践较早，已经积累了一些丰富的经验，整体成效也排在世界前列，其经验值得我国学习借鉴。

第一节　美国科技金融发展借鉴

美国政府高度重视科技创新，联邦政府加大研发投入并制定科技金融激励政策，提高了社会各界对研发投入的热情，企业、非营利机构等组织的研发投入规模均逐年增长。

一、全社会研发投入呈稳定增长势头

近年来，美国全社会研发投入呈现整体增长的势头。2017 年，美国研发经费总额达到了 5432 多亿美元，如图 7-1 所示。

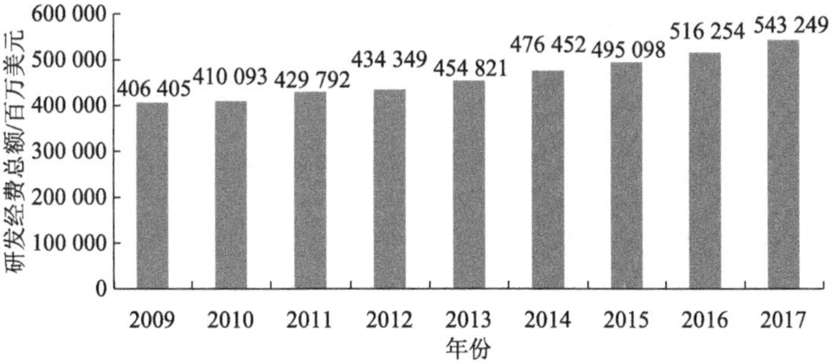

图 7-1　2009～2017 年美国研发经费总额

资料来源：经济合作与发展组织（OECD）数据库（http://stats.oecd.org）

2001～2017 年，按照企业、联邦政府、联邦资助研发中心（FFRDCs）、大学和其他非营利组织等多个主体划分，可以发现：除联邦政府、FFRDCs 外，企业、大学和其他非营利组织的研发投入连年增长（图 7-2）。

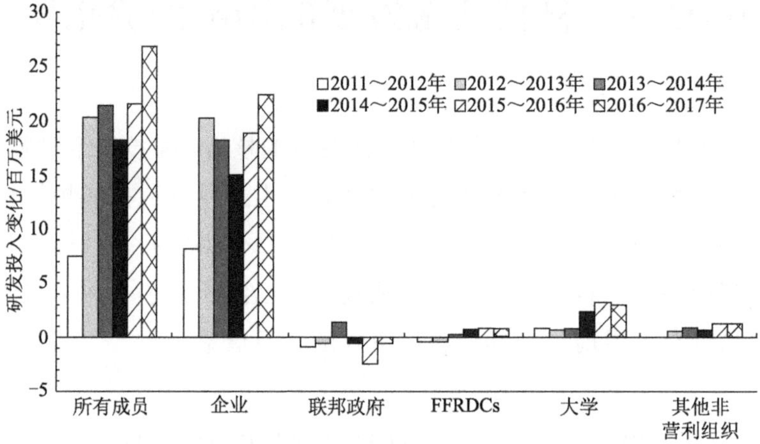

图 7-2　2011～2017 年不同部门研发投入变化趋势

资料来源：（Boroush，2019）

2008～2017 年，美国基础研究经费、应用研究经费和试验开发经费基本上保持了逐年上涨的态势，如图 7-3 所示。

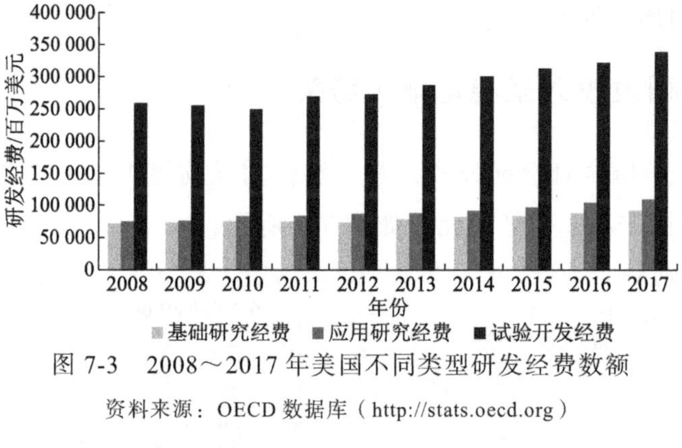

图 7-3　2008～2017 年美国不同类型研发经费数额

资料来源：OECD 数据库（http://stats.oecd.org）

基础研究经费投入占美国全社会研发投入比例近年来保持在 17%左右，2017 年比 2016 年下降 0.2 个百分点；应用研究经费从 2012 年开始逐年增加，2017 年占美国全社会研发投入比例达到 20.3%；试验开发经费占美国全社会研发投入比例自 2016 年下降之后，在 2017 年有所提升，但是仍不及 2012～

2015 年的平均水平，如表 7-1 所示。

表 7-1　2012～2017 年美国基础研究、应用研究和试验开发经费及占比

单位：十亿美元

不同类型	2012 年	2013 年	2014 年	2015 年	2016 年	2017 年
基础研究（占比）	73.3（16.9%）	78.5（17.3%）	82.1（17.3%）	83.5（16.9%）	88.6（17.2%）	92.2（17.0%）
应用研究（占比）	87.1（20.1%）	88.3（19.5%）	91.9（19.3%）	97.3（19.7%）	104.6（20.3%）	110.4（20.3%）
试验开发（占比）	273.3（63.0%）	287.1（63.3%）	301.5（63.4%）	312.9（63.4%）	322.1（62.5%）	339.6（62.6%）
总额	433.7	453.9	475.5	493.7	515.3	542.2

资料来源：（Boroush，2019）。

按照企业、联邦政府和非联邦政府三个主体，描述 1953～2017 年美国全社会研发投入占国内生产总值的比重情况。可以看出，美国全社会研发投入占比从 2013 年开始一直较为稳定，维持在 2.7%左右。其研发强度的增加来源于非联邦机构研发投入的增加，企业研发投入的增多更是占据全社会研发强度的主导地位，而来自政府的研发投入比重近年来呈现明显下降趋势（图 7-4）。由此可知，企业在美国科技投入体系中的作用越来越大。

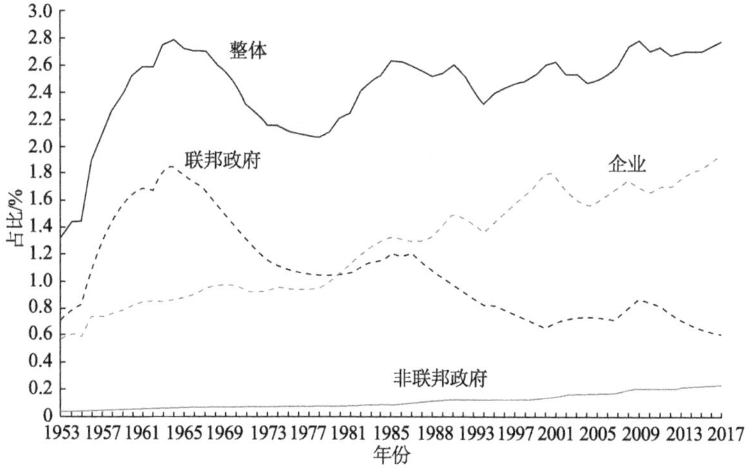

图 7-4　1953～2017 年美国全社会研发投入占国内生产总值的比重

资料来源：https://www.aaas.org/programs/r-d-budget-and-policy/historical-trends-federal-rd

注：按资金来源划分

二、形成以企业、联邦政府为主体的多元化投入体系

2017 年，企业部门共投入 3454.40 亿美元，占美国全社会研发总投入的 63.59%，为历年来占比新高。来自联邦政府的研发资金共计 1237.31 亿美元，占 2017 年美国全社会研发投入的 22.78%，且联邦政府研发资金投入占比逐年下降。来自大学、私人非营利组织和国外投入的研发资金占比均有增加趋势。总体而言，美国企业界对研发经费的投入更多地集中于具有商业开发价值的应用研究和试验开发领域，对基础研究的关注相对较少，如表 7-2 所示。

表 7-2　美国企业对基础研究、应用研究和试验开发的投入对比 单位：百万美元

研究类型	2014 年	2015 年	2016 年	2017 年
基础研究	21 936	21 792	24 644	26 176
应用研究	53 415	56 472	61 019	64 764
试验开发	265 377	277 557	289 021	306 124

资料来源：OECD 数据库（http://stats.oecd.org）。

2014～2017 年，企业在基础研究、应用研究和试验开发领域的研发投入占全社会研发总投入比例都逐年提高。尤其是，2017 年在试验开发总投入中，90.13%的经费主要来自企业，此外联邦政府和大学投入占 8.87%，私人非营利组织仅占 1.00%，如图 7-5 所示。

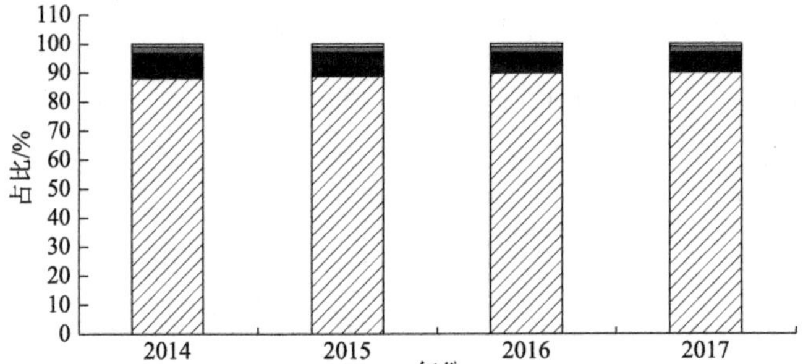

图 7-5　2014～2017 年试验开发领域美国不同部门研发投入占比

资料来源：OECD 数据库（http://stats.oecd.org）

2017 年，美国基础研发投入共 922.339 亿美元，其中，28.38%来自企业；

企业在基础研究领域的研发投入占比相比 2014 年提高了近 2 个百分点[①]。

2016 年，美国制造业企业投入了 2510 亿美元（67%）用于国内研发。大部分资金（84%）来自这些企业的自有资金。非制造业企业在美国国内投入了 1240 亿美元（占国内研发绩效的 33%）用于研发领域，其中 85%来自企业的自有资金（Wolfe，2018）。

2016 年，美国微型、小型和中型公司研发投入占全美国企业研发投入总额的 11%，这些企业的研发强度为 7.8%。拥有 250～24 999 名国内员工的大企业在 2016 年的研发投入占全美国企业研发投入总额的 53%，其研发强度为 4.4%。特大型企业（拥有 25 000 名或更多的国内员工）的研发投入占全美国企业研发投入总额的 36%，其研发强度为 3.3%[②]。

2016 年，研发强度较高的制造业领域是药品（11.2%）、计算机和电子产品（9.8%）、航空航天产品和零件（7.9%）。在非制造业中，研发强度高的行业是科学研发服务（22.3%）、计算机系统设计和相关服务（9.0%）和软件出版商（8.5%）[③]。

三、更加突出科技创新和科技金融的重要作用

从 2007 年的《美国竞争法》，到 2009 年的“美国复兴与再投资计划”（现在已上升为法案）和《美国创新战略：推动可持续增长和高质量就业》，再到 2011 年的《美国创新战略：确保我们的经济增长与繁荣》，美国始终高度重视创新战略的设计。2014 年 7 月，美国发布联邦公告，号召全国的思想家、实干家和企业家、创业者就大有前景的新动向或紧迫的新一轮投资需求提交议案。该公告反映出的美国创新战略的新动向主要聚焦在以下方面。

---

① Historical Trends in Federal R&D. https://www.aaas.org/programs/r-d-budget-and-policy/historical-trends-federal-rd[2020-12-16].

② Historical Trends in Federal R&D. https://www.aaas.org/programs/r-d-budget-and-policy/historical-trends-federal-rd[2020-12-16].

③ Historical Trends in Federal R&D. https://www.aaas.org/programs/r-d-budget-and-policy/historical-trends-federal-rd[2020-12-16].

（一）进一步拓宽创新的内涵

最早提出创新概念的熊彼特将创新分为五类：新产品、新的生产方法（工艺）、新的供应源、开辟新市场以及新的企业组织方式（约瑟夫·阿洛伊斯·熊彼特，2009）。随着技术的进步，时间和空间已经在很大程度上改变了传统意义上创新的内涵。美国联邦公告提出，近年来创新过程的本质发生了一些变化，这些变化对科技投资和创新政策采取的模式产生了新的要求。例如，许多人认为，日益重要的是开放创新、组合创新和用户创新，生物学、物理科学和工程学的融合以及以人为中心的设计。公告还进一步强调了制度创新的重要性，认为特别重要的制度创新例子有 17 世纪英国人发明的专利和版权、19 世纪美国实施的农业技术推广服务和 20 世纪形成的支持基础研究的同行评议制度。“2011 创新战略”提出，创新是个人和组织产生新的想法并将它们付诸实践的过程。联邦公告中的问题表明，在“2015 创新战略”中，美国政府将会结合新的变化，进一步拓宽创新的内涵，更加重视制度创新的内容。

（二）更加强调政府在推动创新中的积极性和能动性

美国“2011 创新战略”提出，私营部门是创新的引擎，政府是创新的推动者，更大程度上强调了政府在创新中的积极性和能动性。在联邦公告中，美国强调，政府和市场是决定具体产业竞争力的两股力量。联邦政策包括科技创新政策会对具体产业的生产力和竞争力产生影响。联邦政府如何加强这方面的整体分析能力？其中最重要的问题是什么？政府怎样才能在这些领域中促进系统的研究及计划方案评估？如何提高联邦政府对政策影响的分析能力，并使之能有助于制定创新政策？从联邦公告的内容可以看出，美国政府在促进创新中将更加关注基于影响力分析的科技创新政策制定，以系统提高具体产业的竞争力。

（三）科技创新的优先发展方向更加侧重平台技术开发

在联邦公告中，美国认为，开发影响大的平台技术能够有效地减少与重要材料、产品和系统的“设计、生产、测试”周期相关的时间和成本。当前，美国政府的许多研究计划旨在开发平台技术，如 DARPA、国立卫生研究院（NIH）和食品药品监督管理局（FDA）组织实施的“组织芯片”项目，旨在改变研究人员评估候选药物安全性和有效性的方式；“材料基因组计划”正在向材料创新基础设施投资，旨在使发现和制造先进材料的时间和成本至少减少50%。联邦政府投资研发新工具，以减少生物系统的设计制造时间和成本。DARPA 的“自适应车辆制造计划”支持开发模拟仿真设计等技术，目标是使武器系统的开发时间至少缩短 80%。美国在“2011 创新战略”中更强调技术研发环节的投入，包括清洁能源、先机制造、生物医药、纳米技术、教育技术等。在“2015 创新战略”中，联邦政府将更多资源投入平台建设，更加重视为企业创新提供公共服务，而不是参与企业技术创新。

（四）产业发展的重点将更加重视实体经济和创业

在联邦公告中，美国认为，经过十多年的大量离岸外包，美国已丧失了重要的生产制造能力，以及与制造商、技术诀窍、全国供应链、教育机构、本地劳动力和金融机构之间的联系。这些因素将为美国制造新技术提供基础和源泉。随着美国制造业复苏并不断得到加强，美国提出重建“产业公地”，这对美国在国内赢得新技术创造和下一代制造能力十分重要。同时，联邦公告认为，在新的地区以及资本密集、风险较高、需要长期持续投资的技术领域和产业中，应当探索新的投资模式来支持创业。应当推动新工具、商业模式、金融以及其他方面的创新来降低生命科学、先进材料、清洁能源等资本密集型产业的创业或业务扩张成本。基于过去 20 年低廉且可扩展的云计算、开源软件以及其他类似发展的共同作用，促进了信息技术公司的创办和扩张成本的急剧下降，美国需要探索将之推广到资本密集型产业的方式。美国“2011 创新战略”更多强调的是再工业化和出口倍增，强调产业复兴和市场扩张。在新的创新战略中，一方面美国将更加重视实体经济的发展，将之视为美国持续经济增长和高质量就业的基石，另一方面将更多注重科技产业自身的发展和竞争力提升。

四、不断创新财政投入方式

近年来，作为实施美国国家创新战略、推动科研改革打造创新生态体系的重要环节，美国联邦财政除对各类研发机构进行研发项目支持和对联邦政府内部研发机构的稳定支持之外，还改革科研资助与管理模式，促进能源部的新型研发创新及管理机构、制造业创新研究院等一批重点研发机构的发展，其中一些创新举措和经验值得借鉴（丁明磊和陈宝明，2014）。

（一）联邦财政投入引导公私合作领域方向，充分利用社会研发资源

不论是美国能源部的能源前沿研究中心（EFRCs）和能源创新中心（EIHs），还是制造业创新研究院（IMIs），其最大特点是充分调动私营部门的研发力量和社会资源。一是充分利用已有的各类研究院所资源。例如，IMIs要求在联邦财政投入的同时，私营及非联邦部门配套一倍以上的资金。每个IMI在成立时均须制定自我维持计划，随着时间的推移，其运营资金将大部分由私营部门和其他渠道保障，而且在联邦政府资助5～7年后完全自立。

（二）定向支持一批特色中小型研究中心，专注特定领域的前沿突破与发展

以美国能源部的EFRCs为例，其起源可追溯到美国能源部科学局基础能源科学处咨询委员会2002年发表的报告，广泛涵盖了各个能源议题所需要的基础研究，并在2008年发布的另一份报告文件中确定了社会所面临的最关键的科学问题和技术挑战。最终能源部与研究界就解决这些问题和挑战达成共识，即建立大量的小型研究中心。因此，能源部在提交给美国国会的2009财年预算案中提议，实施EFRCs计划。

（三）通过对研发机构的集中和有条件的稳定财政资助，引导战略性、前瞻性的重大科技项目的实施

联邦财政资金通过资助EIHs和IMIs等机构，使其研究一系列能源相关重大议题，以及巩固美国制造业领先地位的一系列前沿部署。在实现国家需求和任务目标的前提下，联邦财政对机构给予集中和有条件的稳定支持。EIHs和IMIs往往由一家主要机构领导（可能是国家实验室、大学、非营利

组织或私营企业），其研究人员涵盖了多个科学和工程学科背景以及不同机构，在一定时期内，联邦财政给予集中和相对稳定的支持。

（四）针对革命性和颠覆性技术，研发组建新型研发资助机构

先进能源研究计划署（ARPA-E）成立于 2009 年，旨在为小型团队或个体研究者所研发的高风险、企业不愿投资但具有潜在革命性和颠覆性的能源技术提供 2～3 年的短期资助，资助对象包括来自各类机构的研究者和研发团队。ARPA-E 的研究项目包括能源的存储、碳捕获、高级生物能、太阳能、风能和其他下一代新能源等技术的转化。ARPA-E 在研发可能对美国能源现状产生巨大影响的革命性能源技术方面发挥着巨大作用，到 2012 年 1 月，ARPA-E 总共获得 8.588 亿美元的联邦预算，为 180 个项目提供了 5.217 亿美元的资金。2011 财年和 2012 财年的预算缩减，2013 财年和 2014 财年预算有所增加。ARPA-E 所支持的项目已取得了技术和商业上的成功，并且获得了数目不小的追加投资，甚至成立了相关的初创企业（潜旭明，2014）。

（五）采用政府引导基金等金融工具

美国设置的 SBIC 计划中，政府参与产业引导基金的主要方式是信用担保，而不是直接注资参股。即使在政府会直接出资的个别情况下，由此支出的财政资金、政府担保贷款等资金占比也较小，且主要是针对具体项目发行的政府担保债券。

1958 年开始于美国的 SBIC 计划是政府风险投资计划最著名的典范。SBIC 由私人拥有并负责经营管理，由小企业管理局（SBA）许可和监管，SBA 向其提供借贷优惠利率资金的担保。SBIC 作为利益驱动型企业，向符合资格的小企业提供长期贷款、股权投资、债权股权复合投资和管理辅助等多种形式的支持，分享成功收益。

SBIC 项目以 SBIC 为平台，有效连接了政府（SBA、国会）、符合条件的小企业以及机构投资者，促使了私人资本从 SBA 获得基金保障，为 SBIC 投资提供更大的资本。如图 7-6 所示，SBA 作为政府部门，对 SBIC 采用了组合扶持方式，主要包含政府贷款、政府权益担保等。

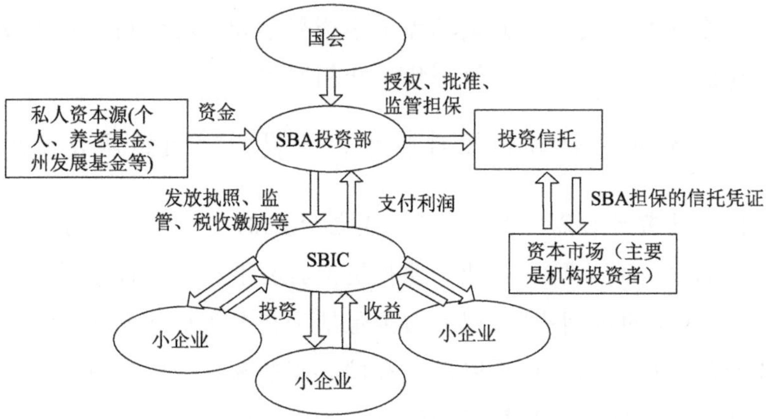

图 7-6　SBIC 项目运作流程图

SBIC 项目在成立之时，就具有明确的政府意志导向，运用典型的工具和方法，采用有限的"信贷风险"，弥合了种子期/早期风险投资与大的风险交易间的鸿沟，通过 SBA 提供的杠杆作用，使更广泛的小企业获得融资。其主要特点包括以下几方面。

一是以种子期和初创期小企业为投资重点，有效填补风险投资空白。SBIC 项目以小企业为投资重点，倾向于初创期投资。1994～2002 年，约 64%的种子期融资是由 SBIC 投资的[①]，SBIC 计划有效填补了风险投资空白，为小企业融资开辟了新渠道。

二是充分运用 SBA 杠杆，提升对私人投资的吸引力。资料显示，从 1976 年开始，SBIC 利用杠杆融资的比重持续增大。对于具有良好信誉、确有基金需要的公司，SBIC 可以支持高达 200%私人资本的融资杠杆。为获得杠杆效应，SBIC 采取债券或参与证券的形式，由 SBA 提供担保。这些由 SBA 提供的债券或参与证券通过公开招股被整体出售给投资者。

三是满足不同小企业需求，融资手段多样化，其融资手段包括长期贷款、债券、股权投资三种方式。SBIC 可以为小企业的成长、扩张和技术创新提供长期贷款，贷款期为 20 年，在特殊情况下最多可延长 10 年。此外，SBIC 可以以债券的形式向小企业提供资金。这种债券为可转换债券，享有在未来

① SBIC 的相关数据来自科技部内部报告。

按一定价格购买小企业股票的权利，最短偿还期为 5 年。随着美国创业投资业的兴起，SBIC 中股权投资的比例逐年上升，2000 年达到 74.2%，成为其主导资助方式。然而 2000 年以后，美国经济的下滑和股市的不景气，加大了创业投资的风险，股权投资比例也逐年下跌，长期贷款与债券方式成为更有效的支持方式。

近年来，SBIC 计划日益得到政府重视和社会各界关注，支持规模和力度不断增加，SBIC 机构也为合作的私人投资者带来了丰厚的回报，越来越多的知名投资管理团队申请参与到 SBIC 计划当中。2012 财年，SBIC 计划共支持小企业 1094 家，提供融资规模超过 32 亿美元，新增就业机会数量达 68 918 个，充分发挥了政府的公共性作用。截至 2012 年底，美国 SBIC 计划已累计向超过 10 万家小企业提供超过 400 亿美元的中长期融资支持。

四是面向传统产业，投资范围多元化。美国小企业管理局 SBIC 计划公布数据显示，SBIC 投资的行业分布较广，涉及农林渔业、采矿业、建筑业、制造业、通信运输业、批发业、零售业、金融保险房地产、服务业等，其中对制造业、通信运输业和服务业的投入资金占全部投资的 70%～80%。这表明 SBIC 将 70%以上的资金投向了传统产业，即便在 20 世纪 90 年代末投资高技术产业，尤其是互联网公司形成高潮的情况下也是如此。

五是建立有效的监管机制，提升 SBIC 投资的安全性。其内容主要包括：①防止关联交易和所有权控制。②对 SBIC 投资范围的限制，同时不允许再投资和再融资活动，不允许已发售的 SBIC 杠杆融资发生第三方债务。③建立所有被批准的 SBIC 数据库，对 SBIC 活动进行全面监控。④对 SBIC 出现损害投资人或担保人利益的情况，SBA 将禁止其投资，或在清偿已到期杠杆融资前禁止任何分配行为。

在不同时期，该计划的资金来源有所差别，以 1994 年为分界点，将其划分为以下两个主要阶段。SBIC 计划早期，以 SBA 提供优惠利率贷款为主要支持方式，即 SBIC 发起人每投入 1 美元，政府为之提供匹配的 4 美元优惠利率贷款，且 SBIC 享有相应的税收优惠待遇，同时 SBIC 必须服从 SBA 的监管。在计划实施的前 5 年，SBIC 共批准了 692 个项目，管理了 4.64 亿美元的私人资本，同时有 47 家企业发行上市，筹集了 3.5 亿美元资金。

1994 年 3 月，SBA 推行制度改革，重新设计并刷新了 SBIC 计划，创立了“SBIC 杠杆融资”，包括债券型 SBIC 和参与证券型 SBIC。至此，SBIC 被划分为银行控股 SBIC 与 SBIC 杠杆融资两块。

债券型 SBIC 是在 1985～1986 年度实施的债券型 SBIC 基础上进一步修订的，包括使用杠杆融资吸引私人资本的最大比例不能超过 300%，且最小私人参与资本的要求上升了 1 倍，达到 500 万美元。参与证券型 SBIC 促进了 SBIC 进行股权投资，允许 SBIC 延迟优先支付，直到其累计获取利润。其独特之处在于，SBA 参与 SBIC 的利润分配。在这种模式下，吸引私人资本的杠杆融资比例不得超过 200%，且要求参与的私人资本最低不低于 1000 美元。

2009 年，美国国会对现有 SBIC 进行了评价，存在的主要问题包括：一是获取 SBIC 资格证的时间过长，整个过程超过一年，对于 SBIC 而言，得到第二、第三、第四张执照的时间更长。二是新的 SBIC 企业数量下降。三是大部分银行放弃了 SBIC 形式，开始直接支持小企业。四是获得杠杆融资的时间过长，在获得资格证后往往需要花费数月时间才能获得杠杆融资。五是对企业早期阶段的投资不足。2008 年，面对全球金融危机，美国政府做出响应，积极进行战略部署。2009 年 2 月 17 日，奥巴马总统签署了《2009 年美国复兴与再投资法》（简称《复兴法》），这使得 SBIC 计划又一次发生转变。具体包括以下三个方面。

一是对最大融资杠杆的计算公式进行修订。根据新公式，在杠杆作用下，提供给 SBIC 的最高金额不得超过监管资本的 300%，或 1.5 亿美元，且以两者中的低者实行。对于在同一控制权下的两个或两个以上的 SBIC 企业，SBA 提供的融资杠杆资金不能超过 2.25 亿美元。

二是对私有资本或上线资本投资比例进行限制。传统方法中规定，SBIC 为小企业提供的权益投资，其投资金额不得超过企业自有资本的 20%。在《复兴法》中，对此限制进行了修改，将最大投资金额比例修改为 10%，在融资杠杆作用下，其融资上线不得超过 30%。

三是增大对小企业的融资比例。SBIC 必须承诺，在未来的融资中，至少有 25%的比例用来投向小企业①。

由此可以看出，新的法案对 SBIC 计划的修改，加大了对小企业的扶持力度与资金监管力度，并减少了 SBIC 对企业的控制权，更多地以培育企业为主，在一定程度上提高了资金的利用效率。

第二节　欧盟科技金融发展借鉴

欧盟统计局的统计数据显示，欧盟研发经费主体包括投入部门和使用部门，分别对应五个主体，即所有部门、企业部门、政府部门、大学、私人非营利组织以及国外资金。如图 7-7 所示，2017 年，欧盟 28 国所有部门的全部研发经费支出为 3170.84 亿欧元。

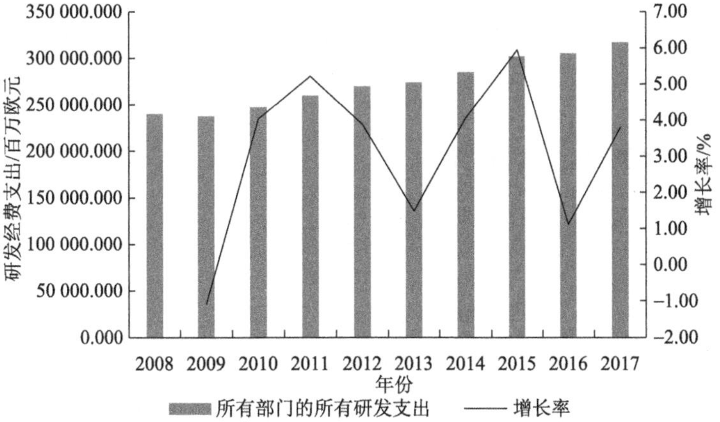

图 7-7　欧盟 28 国所有部门研发经费支出

资料来源：OECD 数据库（http://stats.oecd.org/）

2016 年，欧盟政府部门研发经费支出为 943.92 亿欧元，占总研发经费支出的 30.90%，且自 2008 年以来，投入比例呈逐年下降的态势，而企业部门研发经费支出为 1728.17 亿欧元，占总研发经费支出的 56.57%，2008 年以来基本保持在 55%及以上的投入比例，如图 7-8 所示。

① 小企业指净资产总额不超过 600 万美元，最近两年所得税后平均净收入不超过 200 万美元的企业。

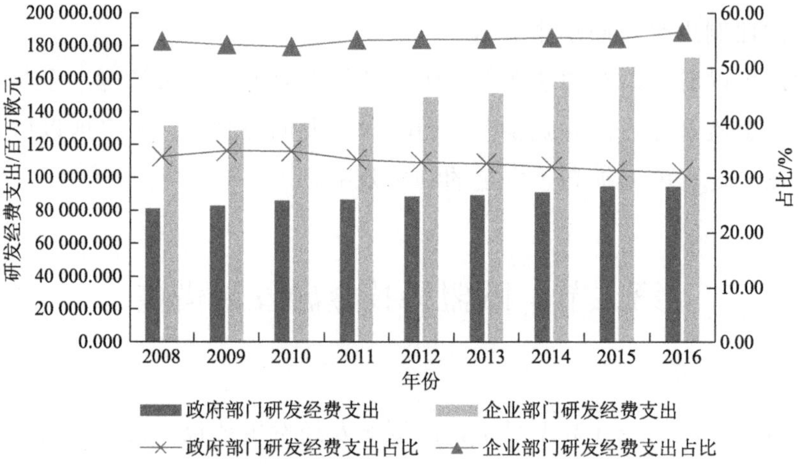

图 7-8 欧盟 28 国政府及企业部门研发经费支出

资料来源：OECD 数据库（http://stats.oecd.org/）

因此，通过上述数据对比可以看出，企业已经成为欧盟研发投入的主体，且占所有研发经费支出的比重在不断上升。政府投入则一直保持较为稳定的水平。

一、采取科技金融多种手段[①]

（一）框架计划——“地平线 2020”

框架计划（Framework Plan，FP）是欧盟自主研究、开发和创新活动的主要机制。2019 年 3 月，欧盟针对第九研发框架计划“地平线欧洲”已经在政治层面上基本达成一致。该计划将基本延续第八研发框架计划“地平线 2020”（Horizon 2020）模式，主要的变化包括：自 2021 年起正式启动欧洲创新理事会，同时在科研领域上，选择气候变化、癌症、海洋、智能城市和土壤治理等五个科研领域，开展以任务使命为导向的研究。欧洲创新理事会自 2017 年已经开始试运行，其目标定位是支持颠覆式创新（从实验室到市场）和中小企业扩大规模。现阶段，“地平线欧洲”计划的经费预算是 941 亿欧元，相对于“地平线 2020”计划（2014～2020 年）的 770 亿欧元，已是大幅提高。

① 本节参考了田恬（2016）的研究。

称为“地平线2020”的框架计划，主要由欧盟科研与创新总司（DG-RTD）管理。其他8个管理不同研究方向的总司（能源、交通、农业、教育、文化、发展、民政事务和联合研究中心）共同负责制定总司的研究计划。欧盟成员国的大学、研究组织、小型和大型企业、慈善机构和个人研究者均有接受框架计划的自主权，非欧盟国家也可以参与。

（二）行业研发和创新计划

行业研发和创新计划主要指资助某些特定行业的研究和创新活动，例如欧洲原子能研究和培训计划（STP）和国际热核试验反应堆（ITER）用于资助核能方面的研究工作；未来“空间计划”（Space Program），包括欧盟全球和区域卫星导航系统[“伽利略卫星导航系统”（Galileo）和“欧洲对地静止导航重叠服务”（EGNOS）]、“哥白尼欧盟地球观测计划”（Copernicus）。同时也包括支持煤炭和钢铁生产行业发展的研究计划。

（三）结构性资助

欧洲结构和投资基金（European Structural and Investment Funds，ESIF），是欧盟为了缩小其内部区域经济发展的不平衡，专门设立的基金，主要任务就是支持落后地区或产业衰退地区的经济发展与产业结构调整。ESIF来源于欧盟预算，由欧盟理事会和欧洲议会批准，属于欧盟财政专项支出，是欧盟首创的一种全新的产业政策工具。重点支持研究与创新、数字技术、低碳经济、可持续自然资源发展和中小企业。

ESIF主要由四部分组成：欧洲社会基金（ESF）、欧洲地区发展基金（ERDF）、欧洲农业农村发展基金（EAFRD）以及欧洲海事和渔业基金（EMFF）。欧洲社会基金主要提供职业培训和就业帮助，以解决青年女性的就业问题；欧洲地区发展基金是四个基金中最大的，约占整个结构基金的一半。该基金的主要目的是支持落后地区的中小企业的发展、促进投资和改善基础设施；欧洲农业农村发展基金主要是为农村地区采用农业新技术、改进农业产业结构和发展非农产业提供资金支持；欧洲海事和渔业基金是为帮助沿海地区受渔业生产萎缩影响的渔民而设立的。

（四）欧洲战略投资基金

2014年，欧洲正在从大萧条以来最严重的金融危机中复苏。欧洲战略投资基金（EFSI）即在此时提出。为推动经济复苏，欧洲委员会在欧洲投资银行（EIB）的支持下，启动了欧洲投资计划。设立之初，EFSI 计划在三年内增加3150亿欧元的投资，该计划已经于2017年延长。EFSI 其本质是一种具有母基金性质的融资担保工具，在一定程度上能够避免欧洲投资集团承担更多风险。EFSI 受益人对传统的欧洲投资银行贷款或通过欧洲投资银行合作伙伴组织的贷款遵循相同的程序。如果项目符合 EFSI 标准，它将提交给一个由八名独立专家组成的投资委员会。这个投资委员会决定该项目是否有资格获得欧盟担保的支持。

其中，欧洲投资基金（EIF）通过参股欧盟国家和区域性创业投资引导基金，极大地激励了欧洲各国政府和一些地区州政府设立创业投资引导基金的积极性，有效地推进了欧洲地区的创业投资发展，有力地支持了中小企业创新创业。

（五）其他——欧盟创新型中小企业竞争力行动计划

欧盟创新型中小企业竞争力（COSME）行动计划在欧盟第七研发框架计划（FP7）资助支持下，于2007年正式启动，由欧委会工业与企业总司负责实施。为积极应对欧盟创新型中小企业（SMEs）面临的高风险投融资难挑战，COSME 行动计划在欧盟层面下设两大基金：贷款担保基金（LGF）和增长型企业股票投资基金（EFG）。贷款担保基金7年期（2007～2013年）财政预算7亿欧元，主要为金融机构对创新型中小企业提供的贷款提供担保，同时还支持创新型中小企业债务融资的证券化投资组合。通过设立风险共担机制，贷款担保基金7年期共支持超过3.4万家创新型中小企业的投融资计划，吸引贷款总额达210亿欧元，“杠杆效应”撬动社会资金投入比例达到1∶30，平均每家创新型中小企业获得贷款担保资金6.5万欧元。增长型企业股票投资基金7年期财政预算6亿欧元，主要以核心股或“夹心股”的方式，支持快速增长期创新型中小企业的投融资计划，特别关注创新型中小企业跨成员国拓展业务。增长型企业股票投资基金7年间共吸引500家企业入股，吸引社会风险资本投入达 40 亿欧元，其中 23 亿欧元为核心股本投入。EIF 负责管理两项基金的运作和每年一度的公开招标。欧盟各成员国创新型中小企业投融资服务中介具体负责所支持企业的日常跟踪监管事务。

二、充分发挥欧洲投资银行作用

为了鼓励私人部门向研发及创新（Research, Development and Innovation，RDI）活动投资，降低 RDI 活动贷款融资的风险，欧盟创新了 FP7 的资金支持方式，将无偿资助方式改为了风险补偿方式，拨出专项预算资金与欧洲投资银行联合设立风险准备金，联合开发了一个新的金融工具——风险分担融资工具（Risk-Sharing Finance Facility，RSFF），建立了贷款风险联合分担机制，目的是提高银行向较低资信级别的 RDI 项目提供贷款或担保支持的能力，发挥欧盟预算资金的杠杆作用，吸引更多的社会资金用于研究开发和创新。

RSFF 贷款支持的符合条件的 RDI 活动种类包括：基础研究、定义阶段/可行性研究、产业研究、竞争前开发活动、引领和示范项目、创新。其资助的主题包括保健、食品/农业/生物技术、信息通信技术（ICT）、纳米科学/纳米技术/材料和新产品技术、能源和环境（包括气候变化）、交通（包含航空）、安全、太空等领域。其中，RSFF 目前最关注的关键领域是工程/汽车、能源、ICT、生命科学、RDI 基础设施。

欧洲投资银行和欧盟对申请 RSFF 支持的贷款对象没有特别的限制，不分大小和属性，只要是从事 RDI 活动、具有明显 R&D 行为的合法实体都可以申请 RSFF 支持的欧洲投资银行贷款。申请者可以是中小企业和大型企业、特殊目的公司（SPC）、合资企业、研究机构、大学、联合技术计划（Joint Technology Initiatives，JTI）等。

另外，欧盟将申请 RSFF 贷款支持的对象范围扩展到欧盟之外，除了欧盟 27 个成员国，还包括列支敦士登、挪威、瑞士、以色列、土耳其、塞尔维亚在内符合条件的实体都可以申请 RSFF 贷款。

RSFF 支持对象的风险较高。如表 7-3 所示，欧洲投资银行正常贷款支持的客户要求企业的信用评级必须在穆迪的（Moody’s）Baa3[或者标准普尔和惠誉（S&P and Fitch）的 BBB-]以上，而由 RSFF 支持的欧洲投资银行贷款，其客户的信用等级要求可以降低到穆迪的 B3（或者标准普尔和惠誉的 B−），远远低于欧洲投资银行普通贷款对客户的资信要求。因此，RSFF 使得那些风险较大、资信较低的 RDI 项目可以获得银行贷款的支持。

表 7-3 RSFF 支持融资对象的信用级别

穆迪	标准普尔和惠誉
……	……
A1	A+
A2	A
A3	A−
Baa1	BBB+
Baa2	BBB
Baa3	BBB−
Ba1	BB+
Ba2	BB
Ba3	BB−
B1	B+
B2	B
B3	B−

欧洲投资银行和欧盟签订合作协议，欧盟在 2007～2013 年分别从 FP7 计划中拿出 10 亿欧元，欧洲投资银行拿出 10 亿欧元，共计 20 亿欧元，当作欧洲投资银行提供贷款支持研究开发创新活动的贷款风险损失准备金。当欧洲投资银行或者合作银行向符合条件的 RDI 项目提供贷款时，RSFF 为每一笔贷款提供相应比例的风险准备金；一旦 RSFF 支持的贷款或者担保出现了违约，由二者共同覆盖项目贷款可能产生的风险。

RSFF 主要通过资金分配和准备金来覆盖欧洲投资银行直接提供的贷款或者担保贷款所产生的风险。根据测算，欧洲投资银行为 RSFF 贷款的风险准备是 20%，补助到 RSFF 的每一欧元，平均可以转化成 5 欧元的 RSFF 贷款和担保，故可以带动 100 亿欧元的资金投资 RDI 活动，从而实现政府资金的杠杆效应。根据欧盟的估算，银行贷款资金只占资助研发项目成本的三分之一，因此 RSFF 总共可以吸引 300 亿欧元的私人投资于研发上，远远超过欧盟提供的 10 亿欧元的资金总量。

欧洲投资银行有两种 RSFF 贷款融资模式：直接贷款和间接贷款。欧洲投资银行可以直接给符合条件的项目提供贷款支持，也可以为合作银行提供担保，让合作银行机构为项目提供贷款，如可以提供中介贷款（intermediated loans），给银行和金融机构分配信用额度来支持中小企业。具体如下。

（一）直接贷款

对于超过 750 万（含 750 万）欧元的贷款，欧洲投资银行直接贷款给借贷者。申请者可以直接联系欧洲投资银行在卢森堡的总部，或者欧洲投资银行设在欧洲奥地利、比利时、法国、德国、希腊、意大利、波兰、葡萄牙、西班牙和英国的驻外办事处来申请。

（二）间接贷款

对于那些贷款额度在 750 万欧元以下的项目，欧洲投资银行提供间接贷款支持，选择合作银行开展转贷款。具体流程是：欧洲投资银行给合作银行提供担保或者低利息贷款，由合作银行直接发放 RSFF 支持的贷款给借款者，欧洲投资银行与合作银行共享 RSFF 的收益。这种贷款模式对支持中小企业规模的 RDI 项目更有效，既降低了欧洲投资银行的贷款成本，也提高了中小企业的贷款效率。

欧洲投资银行在欧盟和相关国家内与大量的银行合作，构建合作网络，这些银行分布在欧盟各个成员国和相关国家内。申请这种中小规模的 RDI 项目贷款可以到欧洲投资银行的官方网站查看合作银行及其联系方式。欧洲投资银行和其合作机构根据“先来先服务的原则”，以市场化方式运作；贷款的申请者只需要提供一个详细的商业计划和相关的标准文档，银行即可据此评估项目融资的可行性。

RSFF 贷款支持的 RDI 项目要经过两个层次的审核，一是审核是否符合 FP7 计划中 RDI 项目的条件，二是审核是否符合欧洲投资银行的融资条件。欧洲投资银行充分利用已经提交给 FP7 相关委员会的文档进行技术—经济方面的金融评价，来审查项目是否具有银行可贴现性。欧洲投资银行估计出项目的风险水平；当项目被银行认为是可以接受的，欧洲投资银行就可以将贷款发给潜在的借贷者，贷款金额上限是项目合格成本的 50%。需要提出的是，一个 RDI 项目即使符合 FP7 计划支持，如果不能满足欧洲投资银行要求的金融评价条件，也不能获取 RSFF 贷款支持，即要求企业必须具备产生相对稳定的现金收入的能力。

欧盟联合欧洲投资银行设立 RSFF 贷款，在促进金融机构支持 RDI 项目融资上已经取得了明显成效，使得许多从事研究开发活动、具有较高风险的机构获得了银行贷款支持。欧洲投资银行提供的 RSFF 贷款有力支持了信用等级较低的 RDI 项目的持续开展，也提高了欧盟的研究开发投入强度，对增强欧盟的国际竞争力起到了重要作用。

三、其他主要做法

（一）政府财政资金发挥重要作用

中小企业由于经营状况具有高度的信息不对称性、高风险和规模不经济等特点，完全靠市场来配置投入资源必然会出现中小企业资金供给缺口，从长期看，不利于市场健康发展。因此，政府财政资金给予资金支持十分必要。但已有研究表明，长期的直接支持一方面无法满足中小企业发展的巨额资金需求，另一方面也容易滋生寻租等现象。欧盟的经验表明，通过与专业化市场机构合作，间接支持中小企业，一是有利于引导更多的私人资金支持中小企业，发挥财政资金的杠杆放大效应；二是借助专业化市场中介机构的项目决策机制，有利于提高资金的运作效率，减少寻租、设租现象。

（二）发挥财政资金引导私人资本作用

政府通过设立创业投资引导基金，借助于适当的让利于民机制，引导私人资本参与到创业投资中，是解决中小企业资金不足的有效举措。近年来，我国引导基金快速发展，但在调研中发现其中也存在与民争利的情况。因此，需要尽快运用创业投资引导基金的方式，让政府资金更多地发挥引导作用，通过“让利”激发民间资本，来引导私人资本转化为创业投资资本。

（三）根据不同企业类别采取相应的支持方式

为确保引导基金能够有效引导子基金真正支持创业中早期企业，特别是种子期企业，欧洲主要国家除对支持标的企业的规模有严格要求外，还普遍规定了支持金额的上限。例如，金融危机爆发后，德国有关部门规定，引导基金中，以跟投方式实施支持的，跟投比例虽然可以提高到70%，但要求对每家企业的投资不超过500万欧元，每一轮投资不超过250万欧元。再如，英国苏格兰引导基金中，以参股方式支持设立子基金的，所支持子基金对中小企业的单笔投资金额应当在50万～200万英镑；以跟投方式实施支持的，引导基金对中小企业的单笔跟投金额应当在10万～100万英镑；以种子基金形式直接投资种子期企业的，对种子期企业的单笔投资金额不高于10万英镑。因此，今后在研究制定国家级创业投资引导基金管理办法过程中，应就引导基金所扶持子基金的投资标的企业规模和投资金额，做出更有可操作性的具体规定。

第三节 德国科技金融发展借鉴[①]

一、财政资助更加关注产学研结合和发挥市场力量

德国科技政策的改革方向之一就是从对大学和公立科研机构以及企业单独采取支持措施转变到促进产学研联合，更加关注中小企业技术创新融资服务的需求端，根据中小企业需求和既有资助环节的缺口，为中小企业量身定做支持政策，提高实用性。德国将以前实施的相关中小企业创新资助政策进行整合，推出了中小企业创新核心计划（ZIM）。ZIM主要资助中小企业和与之合作的科研机构。该项目的资助不受行业和技术领域限制，采取开放领域的方式以充分尊重市场创新的需求，调动各类中小企业创新的积极性和主动性；但在资助标准方面，依据企业规模、所处区域和类型不同，设置差异化的资助比例，体现政策导向作用。

---

① 德国虽然属于欧盟，但由于其科技金融政策有其独特性，特单独阐述。

ZIM 主要包括两大类，一类是独立项目（ZIM-SOLO），对单家企业产品开发或生产工艺创新过程进行资助；另一类是合作项目（ZIM-KOOP），这类项目鼓励企业之间、企业与研究机构之间开展紧密合作，加速技术知识向商业应用的转化。合作项目包括两个子类：一是协作项目，二是合作网络项目，分别由不同的中介机构负责项目管理。

在项目管理机制方面，ZIM 以竞争方式选拔各类中介机构承担项目管理任务。以德国 VDI/VDE 创新公司（VDI/VDE Innovation+Technik GmbH）为例，经实地调研，该公司成立于 1978 年，是一家独立的中型私营企业，2012 年营业额为 2.48 亿欧元，拥有工程科学、自然科学、经济学和社会科学等领域专家 270 多名，在项目咨询、评估等方面充分发挥了专家特长。该公司不是政府指定，而是通过竞争和选拔程序成为联邦政府相关项目的管理人，目前负责管理包括 ZIM 在内的政府资助计划项目，职责包含接受项目申请、跟踪企业动态、监督资金使用、提交使用报告、开展专家评价等。

在业务监管方面，联邦政府对 VDI/VDE Innovation+Technik GmbH 这类项目管理机构管理的项目进行抽查，抽查比例大约为 5%，同时项目管理机构也主动向政府汇报项目进展情况。由于项目管理机构的运作关系到财政资金的使用绩效，联邦审计署随时不定期检查项目管理机构的业务运作，督促其依法依规履行职责。

二、公私合作帮助科技企业启动

德国政府认为，应该给新成立的技术创新公司提供良好的发展机会，以推动产学研紧密结合，将成果更快地转化为经济效益，从而在高新技术领域占据并保持领先地位，提高德国企业的国际竞争力。在此背景下，联邦政府启动了高科技创业基金（High-Tech Gründerfonds），以弥补科技企业创建初期的融资不足。该基金由联邦经济与技术部（BMWi）与德国复兴信贷银行（KfW）、巴斯夫（BASF）公司、博世（Bosch）公司等若干德国知名企业共同出资组建。

从资金来源上看，该基金既有政府资金，又有政策性银行资金，还包括私人部门资金。经实地调研得知，2005～2010 年是该基金运作的第一阶段，共计向约 250 家企业投资 2.72 亿欧元；自 2011 年起该基金进入第二阶段，又引入德国邮政集团、博朗（Braun）公司等企业投资者，基金总规模达到 3.035 亿欧元（其中：BMWi2.2 亿欧元、KfW0.4 亿欧元、大企业 0.435 亿欧元）；自 2005 年以来，已有 350 余家新建企业受到资助，同时获得来自第三方的后续融资 6 亿多欧元。

在支持方式上，该基金主要是以次级可转债形式[①]（转股可占企业 15% 的股权）投资新成立的以研发为基础的科技企业（企业存续期短于 1 年，雇员人数少于 50 人，营业额低于 1000 万欧元），最高达 50 万欧元。可转债通常为 7 年，利息（当时利率为 10%）可以延期 4 年后支付以保持企业资金的流动性。对于企业创立者而言，其应该自有出资 20%（民主德国地区和柏林为 10%），该出资的一半可以来自商业天使（business angels）、区域性种子基金或其他投资者。

同时，高科技创业基金还向科技企业提供后续融资、管理支持、技术转移、合作伙伴网络等增值服务。对于中后期资金需求量大的企业，高科技创业基金还提供 150 万欧元的后续融资支持，并帮助其制定更高融资水平的解决方案。

三、间接支持与直接支持相结合，解决初创期困境

经实地调研发现，在欧洲复兴计划（ERP）框架下，2004 年德国设立总额为 2.5 亿欧元的企业启动基金（ERP-Startfonds），由德国 KfW 负责管理运作，规模已达 7.22 亿欧元。该基金主要面向风险相对较高、刚度过种子期的科技企业（拥有新产品和新技术，雇员人数少于 50 人，年营业额不高于 1000 万欧元，存续时间不超过 10 年）。该基金要求企业必须已有一家主导投资者，该投资者可以是风险投资或私募股权基金，也可以是商业天使等。ERP-Startfonds 投资条件与主导投资者基本相同，对每家企业的投资规模最高达 500 万欧元（首轮投资和 12 个月内的后续投资不超过 250 万欧元）。主导投资方参与企业的管理和运作，并向 KfW 披露企业的相关信息，该基金还

① 还包括股权投资、夹层资本等其他形式。

要求企业高管投资入股，以自有资金表示对企业未来的信心和对风险的担当。自成立以来，该基金已经支持 450 多家企业。

2012 年 3 月，EIF 与企业特定基金（ERP Special Fund）联合设立了 7000 万欧元的欧洲天使基金（European Angels Fund，EAF），该基金由 EIF 管理运营，联合经验丰富的商业天使和其他非机构股权投资者（non-institutional investors）向科技型中小企业投资（EAF 与商业天使的出资比例为 50∶50）。目前，该基金已与 8 家商业天使签订合同，并承诺出资 2000 万欧元。该基金旨在加强与商业天使的跨界合作，建立欧洲范围内的资助网络。

ERP-Startfonds、High-TechGründerfonds 等主要是直接资助初创期企业，而 EIF/ERP-Dachfonds 主要是采取间接金融支持方式。EIF/ERP-Dachfonds 在 2004 年由联邦经济与技术部与欧洲复兴计划共同建立，由 EIF 进行管理。经实地调研得知，EIF/ERP-Dachfonds 是一种基金的基金，起初拥有 5 亿欧元资本（EIF 与 ERP Special Fund 各占 50%），2010 年资本超过 10 亿欧元，主要向聚焦德国本土、高科技、早期和发展阶段的风险投资机构融资，投资期一般为 5 年，最长限度为 10 年，融资额可占风险投资机构的 20%～30%。实践证明，EIF/ERP-Dachfonds 具有较高的杠杆效率，撬动了约 24 亿欧元私人资本，间接支持了科技型中小企业的成长。

2013 年 5 月，联邦经济与技术部启动了商业天使投资风险补助，如果私人投资者（如商业天使）投资初创期科技企业 3 年以上，将获得其投资额 20% 的补助。

第四节 英国科技金融发展借鉴

一、推出“商业银行计划”，促进小企业融资

以八国集团（G8）为代表的发达国家政府一直高度重视、完善鼓励中小企业发展的财政、税收、法规和公共服务平台等条件环境，近年来最为有力的措施之一是组建专业服务银行（机构）。国际金融危机后，英国政府连续

推出若干以支持创新型中小企业为核心的救市计划。然而，朝野上下一致认为，还需要研究采取更为大胆和长效的改革措施。2013 年 3 月，英国政府公布了出资设立国有“商业银行计划”的时间表，将其作为英国国家产业战略的重要保障措施。设立的“商业银行计划”由英国商业、创新和技能部（BIS）负责推动实施，主要实施思路是整合英国联邦政府层面已有的中小企业资助计划，建立统一的创新型中小企业项目管理体制，与相关市场力量合作，充分挖掘社会资本的潜能。英国商业、创新和技能部部长 Vince Cable 在阐明其必要性时指出，英国是 G8 中唯一尚未设立类似功能机构的国家。该“商业银行计划”在 2014 年下半年实现完全商业化运作，是一个典型的政府引导、市场决定的范例。

新设银行将不会直接向企业放贷或投资，而是采用间接化方式与私营部门合作，提高现有金融市场服务企业的能力。

二、政府新注资并整合现有中小企业计划[①]

政府向“商业银行计划”新注资 10 亿英镑，另整合现存总额为 29 亿英镑的各类相关政府项目资金，涉及目前由商业、创新和技能部与英国财政部（HMT）分头管理的各类计划（表 7-4）。

表 7-4 新设“商业银行计划”整合的计划/项目 单位：百万英镑

投资类别	计划/项目名称	财政资金投入（累计已投入）	市场效果合计（包含所带动的私人部门投资）
股权投资	企业投资基金	413	690
	携手天使投资基金	100	400
	创新投资基金	150	330
	激励基金	13	25
债权投资	企业融资担保	425	3270
	初创贷款	110	110

① 中型企业是指人员在 250 人以内，营收额不满 5000 万欧元或资产负债总额低于 4300 万欧元的企业；小型企业是指 50 人以内，营收额不满 1000 万欧元或资产负债总额不足 1000 万欧元的企业；微型企业是指 10 人以内，营收额不满 200 万欧元或资产负债总额不足 200 万欧元的企业。

续表

投资类别	计划/项目名称	财政资金投入（累计已投入）	市场效果合计（包含所带动的私人部门投资）
债权投资	企业金融伙伴关系计划（含所有企业类型）	1100	2200（至少）
	企业金融伙伴关系计划（中小企业）	100	200（至少）
小计		2411	7255
后续投资阶段	股权投资	350	984
	债权投资	147	178
	小计	497	1162
总计		2908	9549

资料来源：英国商业、创新和技能部工作报告 *Building the Business Bank: Strategy Update*。

政府计划通过新增注资和调整组织运行机制，将分散运行的各个计划/项目进行集中管理，从而形成一致、连贯、综合的一揽子中小企业资金支持方案。

“商业银行计划”主要拟解决如下问题：第一，支持企业债务和股权融资市场的多元化发展，通过增加市场化融资渠道，促进金融机构之间的竞争；第二，增加对前景良好的中小企业的资金供给，尤其是长期融资的供给；第三，汇集政府现有中小企业扶持计划/项目，创建统一的管理体制以简化企业申请流程；第四，整合各类供给政策，提高政府相关扶持政策在创新型企业的认知程度，并提供相应的专家智力支持；第五，市场化方式运作，以最有效率的方式使用政府财政资金。

“商业银行计划”的成立过程被分为不同阶段。先期，“商业银行”在英国商业、创新和技能部的管理下运行，由商业、创新和技能部下属企业资本有限公司和政策研究机构以及私营部门专家管理，待时机成熟后再由职业管理团队运营。

“商业银行计划”的三大业务板块为股权、债权和咨询业务等，方案解决思路是政府将已实施的股权计划、债权计划和咨询服务计划管理权移交给“商业银行计划”；政府对“商业银行计划”的资本拨款进行增资，同时开设新的融资渠道。特别需注意的是，英国政府认为向中小企业提供个性化服务与提供资金一样重要，为此在筹建“商业银行计划”的过程中，非常重视企业咨询服务模块设计，制定了专门的咨询服务发展战略。在提出上述业务构想的基础上，政府要求“商业银行计划”最大化各类资助计划的效果，并取得良好的银行资本收益率。

三、通过“创新贷款”支持中小企业创新

英国有不少区域性的由政府支持的中小企业贷款计划，如针对英格兰东部地区的区域增长贷款计划（Regional Growth Loan Scheme）等，而英国创新署负责执行的“创新贷款”是英国政府面对全英范围内科技型中小企业的资助性贷款，具有较强代表性。

“创新贷款”是英国创新署帮助中小企业破解融资难、助力中小企业项目商业化的试点项目，由创新署下属的全资子公司——创新署贷款有限公司（Innovate UK Loans Ltd.）负责执行。“创新贷款”针对的是企业后期研发项目，仅实验开发项目可以申请。中小企业需具有支付利息和还款的能力，且要证明无法获取银行贷款或股权投资等其他资金来源。经实地调研得知，从2017年开始，先后分5次进行竞争性项目贷款申请，到2019年底，已提供贷款资金总额5000万英镑。

“创新贷款”具有低利率等优惠条件，属于国家补贴的一种形式，在提款期内相当于拨款。企业仅可单独申请，不允许以合作开发的名义与其他企业共同申请，可借贷资金额度为10万～100万英镑，可列支项目费用的100%。

“创新贷款”总期限最多10年，即项目期限最高5年，还款期最高5年。可分解为三个阶段。

（1）提款期（availability period）。贷款期内每3个月可提取一次贷款资金，最多可提取3年。提款期内无需还款，只需每3个月支付利息。利息额根据已提取的实际资金额度为本金来计算，而非总贷款额度。

（2）延续期（extension period）。还有两年重点在创新项目的商用，称为延续期。延续期内不再提款，但和提款期一样无需还款，只需支付利息。

（3）还款期（repayment period）。还款期最高5年，每3个月定期支付本金和利息。

以上均为最高期限，可以提前还款，不额外收取费用。利息设定的金融交易贴息率，从一开始就是固定的，为每年 3.7%（实地调研数据）。贷款申请通过创新资助服务（innovation funding service）运行。

“创新贷款”资金并非一次性拨付，而是“稳扎稳打，步步为营”，每季度审查一次，在符合相关财务和报告要求且项目进展基本符合目标和“里程碑”的前提下，才可进行下一季度资金的拨付。

（1）在发放贷款资金之前，创新署要进行一系列核查，包括：反洗钱检查，即对企业关键人员和受益所有人身份进行核查；对商业计划信息的商业核查；对风险较大企业的深入尽职调查，如有政治敏感人物的企业。

（2）项目设立阶段，创新署与企业敲定贷款协议，设定项目成本、进度安排、范围基准及特定条款等，可能与申请有些出入。企业签署了贷款协议，意味着在贷款协议有效期内，创新署可以通过如下方式取得担保：一是一般性公司债券；二是对使用贷款购买的资产收费；三是对使用贷款资金开发出的知识产权进行收费。另外，贷款协议中会规定具体条款，对以上担保形式可能还需要另行签署法律协议。创新署不要求企业提供个人担保。

（3）贷款资金非一次性全部发放。提款期内，每三个月可提取资金，提取金额根据未来三个月的可列支项目成本的预计开支来定，以保证项目执行。仅在项目期限内发生的费用才可列支。提取资金前，企业须完整填写由创新署贷款有限公司提供的标准请求模板，且在项目进展和财务报告都符合条件的前提下，提取请求才会被批准。如果发生下述任何一种情况，创新署贷款有限公司可随时终止资金，且创新署贷款有限公司都会首先与企业约谈：一是项目执行与预期不符或严重偏离目标；二是企业财务状况大幅恶化；三是企业未履行贷款协议的义务条款（例如，未按要求提供财务信息）。

（4）项目执行期内要进行项目监测和报告，由创新署贷款有限公司指派一名监测员，确保项目符合相关要求，但不负责整体项目管理。监测员每三个月与项目组见面，确保项目的正常进行。企业每年要提供年度信贷审查报告，除此之外，每三个月还要通过创新署贷款有限公司信贷组提交一次信贷审查报告，提供最新的财务状况。

（5）还款期内，企业必须通过贷款管理员（loans administrator）以直接借记的方式向创新署贷款有限公司支付款项。企业仍然向创新署贷款有限公司信贷组提供每季度财务状况及年度信贷审查报告，确保符合贷款协议条款。贷款管理员每三个月向企业通知一次还款状态及到期的未付款项，同时还会通知年度还款进度情况，直至贷款偿清。

参考文献

丁明磊, 陈宝明. 2014. 美国联邦财政支持研发机构的创新举措及启示. 调研报告, (28): 4.

潜旭明. 2014. 美国新能源创新的强力引擎: 美国能源部 ARPA-E 透析. 中国战略新兴产业, (22): 82-83.

田恬. 2016. 欧盟科研资助体系概览. 科技导报, (7): 149.

约瑟夫・阿洛伊斯・熊彼特. 2009. 经济发展理论: 对利润、资本、信贷、利息和经济周期的探究. 叶华译. 北京: 中国社会科学出版社.

Boroush M. 2019. U.S. R&D Increased by $22 Billion in 2016, to $515 Billion; Estimates for 2017 Indicate a Rise to $542 Billion. NSF 19-308.

Wolfe R M. 2018. Businesses Spent $375 Billion on R&D Performance in the United States in 2016. NSF 18-312.

第八章 金融科技发展分析

第一节 金融科技内涵和价值

一、概念认识

金融科技一词，来源于国外 FinTech，即 finance（金融）+technology（科技）的缩写。2011 年，FinTech 概念正式在国外被提出，主要指美国硅谷和英国伦敦的高科技公司利用云计算、区块链、人工智能等新兴技术对传统金融进行颠覆和改造，侧重于信息技术对传统金融机构的影响，形成不依附于传统金融机构与体系的金融 IT 力量并独自发展起来（李广子，2020）。

按照国际权威机构金融稳定理事会（FSB）的定义，金融科技是指技术带来的金融创新，通过创造新的模式、业务、流程与产品，既包括前端产业也包含后台技术，从而对金融市场、金融机构或金融服务的提供方式造成重大影响。

一般而言，广义的金融科技是指技术创新在金融业务领域的应用。狭义的金融科技是指非金融机构运用移动互联网、云计算、大数据等各项能够应用于金融领域的技术，重塑传统金融产品、服务与机构组织的创新活动（克里斯·布鲁木等，2019）。从事金融科技的非金融机构普遍具有低利润率、轻资产、高创新、上规模、易合规的特征。

从表 8-1 可以看出，对于金融科技这一新生事物，各方高度关注：国际组织和权威机构侧重于宏观层面上的总体概述，对其定义较为宽泛；金融机构着眼于技术创新对传统金融业务产生的影响，侧重金融机构对技术的运用；科技公司更关注技术层面带来的金融创新，强调信息技术的功效；研究机构则高度重视金融科技引发的变革和产生的价值，聚焦技术突破带来的革新。所以由于视角不同，各方对其理解也不尽相同，对金融科技尚未形成统一的定义。

表 8-1　各方对金融科技的定义

分类	机构名称	定义
国际组织	金融稳定理事会	技术带来的金融创新，能创造新的业务模式、应用、流程或产品，从而对金融市场、金融机构或金融服务的提供方式造成重大影响
	国际证监会组织（IOSCO）	拥有潜力来改变金融服务行业的各种创新的商业模式和新兴技术
主权机构	美国国家经济委员会（NEC）	以金融科技涵盖不同种类的技术创新，这类技术创新影响各种各样的金融活动，包括支付、投资管理、资本筹集、存贷款、保险、监管合规以及金融服务领域里的其他金融活动
	英国金融行为监管局（FCA）	创新公司利用新技术对现有金融服务公司进行去中介化
	新加坡金融管理局（MAS）	通过使用科技来涉及新的金融服务和产品
金融机构	高盛集团（Goldman Sachs Group）	金融科技是指以技术为基础，并专注于金融产品与服务价值链上的一部分或多部分，主要包括支付、科技支持型借贷、保险、市场结构、资产管理和资金筹集等，从业态上涵盖互联网支付公司、P2P公司、互联网保险公司、互联网流量平台、数字化资产配置公司和众筹行业等
	中国银行股份有限公司	互联网公司或者高科技公司利用云计算、大数据、移动互联网等新兴技术开展的低门槛金融服务
科技公司	京东数字科技集团	遵从金融本质，以数据为基础，以技术为手段，为金融行业服务，帮助金融行业提升效率，降低成本
	度小满科技（北京）有限公司	金融科技公司是以科技驱动金融的技术型服务商
	蚂蚁科技集团股份有限公司	FinTech 并非简单地在“互联网上做金融”，而是基于移动互联网、云计算和大数据等技术，实现金融服务和产品的发展创新和效率提升
研究机构	毕马威企业咨询（中国）有限公司	非传统企业以科技为尖刀，切入金融领域，用更高效率的科技手段抢占市场，提升金融服务效率及更好地管理风险
	宾夕法尼亚大学沃顿商学院	用技术改进金融体系效率的经济行业

资料来源：（中国信息通信研究院，2019）、（CIIA，2019）。

但金融科技必须包含以下三个要素：一是金融，金融是金融科技的本质，脱离金融基础的金融科技是没有意义的。二是科技，科技创新是金融科技的重要载体，为金融科技插上翅膀，带领金融科技站在上风口。三是融合，金融和科技是金融科技的两个必备要素，但无论是科技创新引发的金融服务变革，还是科技创新催生的金融创新业态，都离不开金融和科技的渗透和融合。

二、发展历程

金融科技以数据和技术为核心驱动力，不断改变金融行业的生态格局。从信息技术对金融行业的推动和变革角度来看，迄今为止，金融科技经历了三大发展阶段：一是2005～2010年的互联网时代，以传统金融触网为代表，主要是存款、贷款和汇款等业务开始在互联网上操作；二是2011～2015年的移动互联网时代，主要体现在互联网金融的兴起，比如移动支付、网络信贷、网络保险、股权众筹以及财富智能管理等；三是从2016年以来的人工智能时代，主要体现在金融和科技的强强联合，比如数字货币、大数据征信、大数据风控、智能投顾以及供应链金融等方式，主要是与大数据、区块链、云计算、人工智能等新技术进行结合。

（一）FinTech1.0——金融电子化阶段

互联网加快世界互通互联，使得互联网商业发展起来，对金融业也产生了一些改变。这一阶段具体表现为金融触网，即将简单的传统金融业务线上化，通过IT软硬件来实现办公和业务的电子自动化，提高金融行业的管理水平和业务效率。IT公司并不参与金融公司的业务环节，IT系统在金融公司体系内属于成本部门。代表性产品包括自动柜员机（ATM）、电子付款机（POS）、银行的核心交易系统、信贷系统、清算系统等。从商业模式本质上看，Fintech1.0属于对金融信息化的推动发展阶段。

（二）FinTech2.0——互联网金融阶段

移动互联网时代，智能手机的普及使得人们能够随时随地沟通，极大地提高了网络利用的效率。这一阶段具体表现为，为金融业搭建在线业务平台，通过互联网或移动终端渠道汇集海量用户，实现金融业务资产端、交易端、支付端、资金端等任意组合的互联互通，达到信息共享和业务撮合，本质上是对传统金融渠道的变革，但并不改变传统金融的本质属性，同时互联网公司的金融化应运而生。代表性业务包括互联网基金销售、P2P网络借贷、互联网保险、移动支付等。

（三）FinTech3.0——现代金融科技阶段

云计算、大数据、区块链、人工智能等关键技术日益成熟，对金融的变革程度日益加深。金融业通过新的科技手段，改变传统的金融信息采集来源、风险定价模型、投资决策过程、信用中介角色，大幅提升传统金融的效率，解决传统金融的痛点（如信息不对称），提供更为普惠性或个性化的金融服务。在支付、借贷、证券交易和发行、保险、资管、风险与征信等领域，以虚拟方式替代物理方式，金融科技正逐步重构金融生态圈。

与此同时，如图 8-1 所示，金融科技面向金融的服务模式的变革也经历了三个阶段，第一个阶段主要是售卖金融 IT 软硬件服务，第二阶段提供基于云的整套业务解决方案，现在处于第三个阶段，以金融科技为依托，提供跨界金融服务，突出在大规模场景下提供自动化和精细化运行。

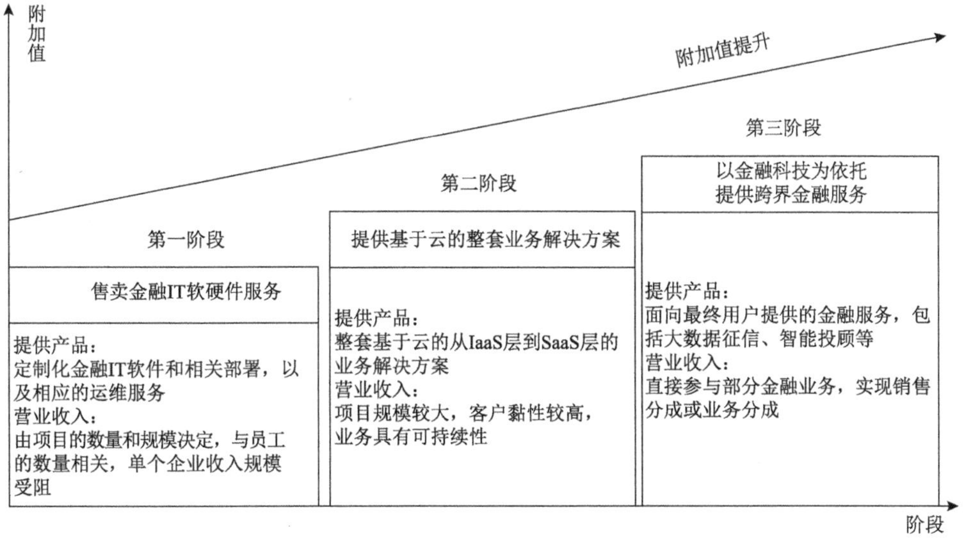

图 8-1　金融科技服务模式三个阶段

资料来源：（中国信息通信研究院，2018）

注：①基础设施即服务（Infrastructure-as-a-Service，IaaS）提供给消费者的服务是对所有计算基础设施的利用，包括处理 CPU、内存、存储、网络和其他基本的计算资源，用户能够部署和运行任意软件，包括操作系统和应用程序；②软件即服务（Software-as-a-Service，SaaS）提供给客户的服务是运营商运行在云计算基础设施上的应用程序，用户可以在各种设备上通过客户端界面访问，如浏览器。消费者不需要管理或控制任何云计算基础设施，包括网络、服务器、操作系统、存储等

三、业态类型

（一）金融科技产业结构

现代金融科技产业是基于区块链、云计算、大数据、人工智能等一系列技术创新，全面应用于支付清算、借贷融资、财富管理、零售银行、保险、交易结算等金融领域，服务于金融模式创新、金融效率提升和金融安全维护的产业。金融科技产业包括三个层次，分别是底层技术层、金融环节层和应用业务层，每个层次包括的内容如图 8-2 所示。

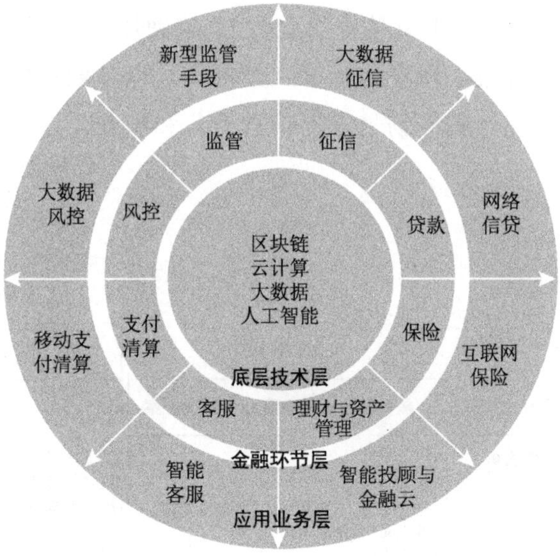

图 8-2　金融科技产业结构图

资料来源：在中国信息通信研究院云计算与大数据研究所资料基础上绘图

（二）金融科技行业领域

随着现代金融科技领域快速发展，金融科技的行业细分及产品类型也在不断丰富。一般认为，金融科技的行业领域或产品类型主要有：新型支付手段、网络信贷、区块链、智能金融理财、大数据风控和征信、金融云、生物钱包等。如表 8-2 所示，不同机构对金融科技行业领域也做了相关分析。比如，中国人民银行金融研究所互联网金融研究中心认为，行业领域主要包括网络借贷、互联网支付、互联网众筹、互联网保险、互联网银行、互联网财富管理、互联网信用管理等。在专栏 8-1 中，本书也对金融科技主要行业领域做了介绍。另外，巴塞尔银行监管委员会在对金融科技行业做细分时，重点从四大领域关注了服务客群以及轻重资产情况，如表 8-3 所示。

表 8-2　不同机构对金融科技的领域划分

机构	研究材料	行业领域划分
中国人民银行金融研究所互联网金融研究中心	《金融科技：发展趋势与监管》	网络借贷、互联网支付、互联网众筹、互联网保险、互联网银行、互联网财富管理、互联网信用管理等
国家金融与发展实验室	《中国金融科技发展报告（2017）》	网络借贷、互联网众筹、互联网支付、互联网银行、互联网保险等
中国信息通信研究院	《中国金融科技产业生态分析报告》	银行、证券、保险、基金、消费金融、小额信贷、征信、第三方支付，服务领域则涵盖客服、风控、营销、投顾、支付等
毕马威中国	《2016 年中国领先金融科技公司 50》	消费金融、借贷、支付汇兑、大数据（大数据征信）、众筹、理财、财富投顾、交易、保险、直销银行、综合金服、信息、科技系统、比特币区块链和其他等
京东金融研究院	《2017 金融科技报告：行业发展与法律前沿》	电子支付、互联网银行、互联网保险、互联网证券、互联网消费金融、P2P、互联网众筹、数字化投顾、征信等 9 种金融科技商业

表 8-3　巴塞尔银行监管委员会对金融科技行业细分

领域	细分行业	服务客群	重资产/轻资产
借贷与融资类	P2P	企业、个人	重资产
	消费金融	个人为主	重资产
	征信	企业、个人	轻资产
	众筹	企业为主	轻资产
支付结算类	企业端支付	企业	轻资产
	个人端支付	个人	轻资产
投资管理类	智能投顾	企业、个人	轻资产
	产品经纪	企业、个人	轻资产
	证券经纪	个人为主	轻资产
	保险经纪	个人为主	轻资产
市场设施类	数字货币	企业、个人	轻重都有
	金融信息	企业为主	轻资产

注：重资产业务一般为资本消耗型业务。

【专栏 8-1】金融科技主要行业领域介绍

1. 新型支付手段

借助于信息技术的进步，传统的支付业务越来越多地被新型支付手段所替代，产生了短信支付、扫码支付、近距离无线通信技术（NFC）近场支付、生物识别技术支付等众多支付手段。新的支付手段为用户带来了更加便捷、快速的体验，也使得交易过程变得更加安全。目前，移动支付的主要创新领域包括：信息安全技术；生物测定学（如指纹、虹膜、人脸），图像识别，标记化；支付、清算的实时性协议；综合类支付服务，如电子钱包；跨境支付平台等。

2. 网络信贷

网络信贷是金融服务行业的一部分，它利用投资资金和数据驱动的在线平台将资金直接或间接地借给用户和小企业。网络借贷最初的呈现形式是 P2P 和众筹，尽管单笔信贷额度不大，但服务范围广泛，涉及长尾客户，体现出普惠金融特征。随着产品和商业模式的发展，网贷平台基础已经扩大至机构投资者、对冲基金和金融机构。消费金融借助电商大数据获得大量增长，电商平台可以为消费者提供分期付款等业务，弥补了传统金融的不足。

3. 区块链技术应用

区块链技术的本质是去中心化且寓于分布式结构的数据存储、传输和证明的方法，具有分布式、免信任、时间戳、加密和智能合约等特征。区块链技术目前还处于探索应用阶段，但对金融领域的基础设施和体系结构具有颠覆性的影响力，因而广受关注。已有银行运用区块链技术开展贸易结算，用数字加密技术传递传统的纸质版的提单，大大提高了结算效率和安全性。

4. 智能金融理财服务

随着大数据、云计算和人工智能技术的发展，这些技术纷纷被应用到金融领域，为客户提供投资顾问、咨询等服务。智能投顾比传统的投资顾问更加理性、灵敏、精确和高效，成本也更加低廉，它的发展在海外得到了用户的青睐，国内的企业也纷纷试水，行业的发展十分迅速，前景光明。目前智能金融理财服务的创新领域主要包括：人工智能算法在投资决策中的运用；大数据和自动化技术在信息搜集、处理中的应用；人机交互技术在确定投资目标和风险控制过程中的应用；云计算等在提升运用管理和风险管理中的应用。

5. 大数据风控和征信

大数据风控是指通过运用大数据构建模型的方法，对借款人进行风险控制和风险提示。与原有人为地对借款企业或借款人进行经验式风控不同，通过采集大量借款人或借款企业的各项指标进行数据建模的大数据风控更为科学有效。大数据征信主要来源于企业庞大的消费者数据，比传统征信行业更广泛、多样化，可以从多个维度建立起个人的信用画像，能够更加全面地反映个人信用状况。通过对大数据、云计算以及人工智能等科技的运用，金融机构相互之间、金融机构与金融科技公司之间的壁垒将被打破，合作、共享、联合运营将成为未来金融业发展的主流。

（三）金融科技构成主体

我国金融科技产业生态体系主要由金融企业、科技企业、金融监管机构、行业协会和研究机构组成（图 8-3）。其中，金融企业主要运用云计算、大数据、人工智能和区块链等先进技术，提供创新金融服务。科技企业主要为金融企业和金融监管机构在客服、风控、营销、投顾和征信等领域，提供云计算、大数据、人工智能和区块链等技术服务（表 8-4）。金融监管机构主要依据国家相关政策法规，对提供金融科技服务的企业进行合规监管。行业协会和研究机构主要进行金融科技产业研究，推动行业交流和标准制定，促进金融科技应用成果的经验分享和互动交流。

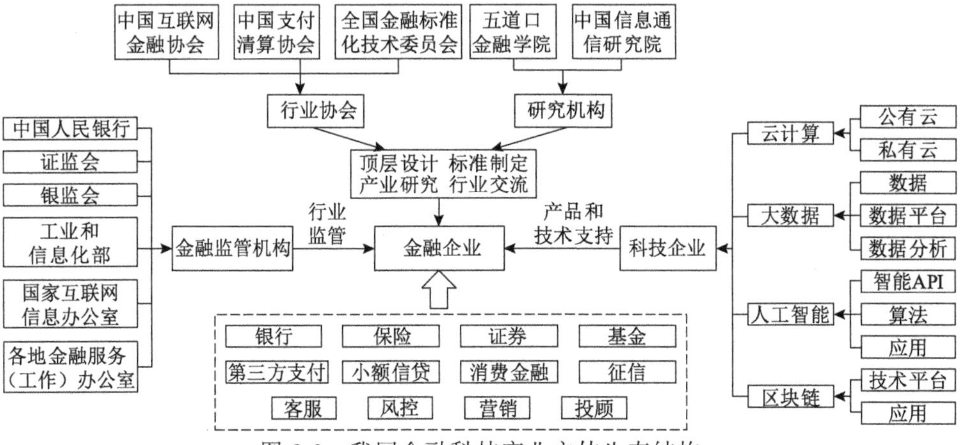

图 8-3 我国金融科技产业主体生态结构

资料来源：中国信息通信研究院，2018

表 8-4 互联网企业成为金融科技领域的支柱力量

企业	云计算	大数据	人工智能	区块链	综合特点
百度云	公有云、私有云	数据分析、展现和开放	客服、智能风控、智能应用程序接口（API）	—	设有金融云解决方案
百度金融	私有云	用户画像	智能风控、智能获客	资产证券化	对外输出云、大数据、人工智能解决方案
阿里云	公有云、私有云	数据分析、展现	智能风控、平台开放	—	设有金融云解决方案
蚂蚁金服	公有云、私有云	用户画像	客服、智能风控、智能 API	公益、募捐	对外输出云、大数据、人工智能解决方案
腾讯云	公有云、私有云	数据计算、分析和展现	开发套件、智能 API	—	设有金融云解决方案
财付通	—	用户画像	智能风控、	黄金红包	支付 API 开放
京东云	公有云、私有云	数据计算、分析和展现	开发套件、智能 API	—	设有金融云解决方案
京东数科	私有云	数据管理、用户画像	智能风控	资产管理	对外输出云、大数据、人工智能解决方案
网易金融	私有云	用户画像	客服、营销	—	设有金融云解决方案
360 金融	—	用户画像	智能风控、智能投顾	—	技术自用
小米金融	—	用户画像、大数据选股	智能风控	—	技术自用

资料来源：中国信息通信研究院，2018。

四、功能价值

金融科技的发展对传统金融领域的困点和难点的解决，以及对金融服务和金融监管的流程、标准和结构的改造，展现出了巨大的作用和价值（刘连舸，2019）。

（一）提高金融效率

新技术在金融领域的应用，已经广泛地深入到金融各个体系中。大数据、云计算、人工智能、区块链等技术在支付、货币市场、首次公开募股发行市场、保险市场等领域已经广泛应用。新技术提升了金融机构的服务水平，降低交易成本和风险损失，提高了运营效率，从而增加了利润收入；同时，也能有效解决信息不对称问题，助力金融机构更好地服务碎片化、小微化的金融需求。

（二）创新金融业态

伴随着大数据、云计算、人工智能和区块链等前沿技术的发展，金融科技正在改变甚至重构传统金融业态。金融科技在继续渗透至金融服务后端的基础上，不断扩大在金融服务链前端、中端（如智能投顾）、资产配置中的应用，大量产生新的金融场景，同时填补金融服务空白，重塑传统业务模式、风险管理模式以及客户服务模式。

（三）防控金融风险

金融科技的发展与风险防控相辅相成。一方面，金融科技的创新为不同的金融业态在风控方面提供了更大的帮助。以大数据、人工智能技术为代表的新技术，与金融科技有机结合，可以为金融机构和金融行业做整体的风险管控，比如反欺诈评分、信息核验、数字画像验证等风控能力建设，实现实时、智能和精准风险控制，助力稳健发展。另一方面，金融科技也可为各类金融机构加强业务、流程等方面的合规性管理提供技术支撑服务。

（四）促进监管手段提升

随着金融科技的发展，其对传统金融的调整突出表现为跨界化、去中介化和去中心化等特征，对金融监管产生了深远的冲击和影响。但金融科技的两面性决定了既可以用技术违规，也可以用技术监管（尹然等，2019）。基于大数据、人工智能、共识算法、应用程序编程接口、系统嵌入等监管技术的应用，能够提高监管的规范性和风险监测识别的能力，提升金融监管的专业性、统一性和穿透性（冯强，2018）。

第二节　金融科技与科技金融的主要区别及内在联系

一、金融科技与科技金融的主要区别

与金融科技不同，科技金融侧重于金融服务，是基于科技创新创业的金融需求，推动金融产品、金融业态与服务模式创新，形成涵盖金融政策、金

融工具、金融机构、金融产品、金融服务在内的一整套金融服务体系。科技金融的主要业态类型包括：科技信贷、创业投资/股权投资、投贷联动、科技保险、企业债、知识产权证券化等，以及征信、登记结算、信用评级、资产评估、专业咨询等中介服务机构。

金融科技的落脚点是科技，为各类金融业务提供技术支撑，与其并列的另有军事科技、生物科技等。科技金融的落脚点是金融，是支撑科技创新的金融业态和服务，是金融服务实体经济的代表，与其并列的另有消费金融、“三农”金融等，两者主要区别见表 8-4。

表 8-4　金融科技与科技金融的主要区别

序号	层面	金融科技	科技金融
1	落脚点	落脚点是科技，为各类金融业务提供技术支撑，与其并列的另有军事科技、生物科技等	落脚点是金融，是支撑科技创新的金融业态和服务，是金融服务实体经济的代表，与其并列的另有消费金融、“三农”金融等
2	目标	利用科技的手段提高金融的整体服务效率	以金融服务的创新来作用实体经济，推动科技创新创业
3	参与主体	以科技企业、偏技术的互联网金融企业为代表的技术驱动型企业	以传统金融机构、互联网金融为代表的金融机构
4	实现方式	技术的突破	金融产品的研发
5	产品区别	以大数据、云计算、征信等前沿技术为核心服务金融	以创新型金融产品服务科技企业

二、金融科技与科技金融的内在联系

在认识到金融科技和科技金融差别的同时，也要注意到两者的同一性。

一是深刻把握金融服务实体经济的本质。党的十九大报告明确提出，要着力加快建设实体经济、科技创新、现代金融、人力资源协同发展的产业体系。虽然科技金融和金融科技关注对象不同，但无论是科技金融还是金融科技，最终都是殊途同归，都需要秉承服务实体经济的天职和宗旨，发挥各自的比较优势，着力解决发展的不平衡、不充分问题。其中，金融科技在解决不平衡问题、推动普惠金融发展方面能发挥更大作用，科技金融在解决不充分问题、推动创新型国家建设方面能发挥更大的作用。在政策制定、行业监管和实际工作中，切不可用一个代替另一个，需要协同推进。

二是深度促进科技和金融的融合发展。如果没有过去的金融创新，就不会有前三次科技革命的出现；同样，如果没有技术的进步，就不会有基于现代科技的现代金融服务。当前，科技创新和技术迭代比以往任何时候都要快速和频繁，更加需要改革创新，打破传统行业、产业边界，通过新技术应用、产品服务创新、跨界融合创新，扩大金融服务的广度和深度，提升服务效率，助力新经济、打造新动能。

三是把握不发生系统性金融风险的底线。通过科技和金融的融合发展，不仅可以弥补以往传统金融无法覆盖和服务的领域，更可以改变和重塑金融风险监管的理念和体系架构等，通过“沙盒计划”等金融改革创新试点示范，平衡金融创新与风险防控，用新的技术和模式，提升金融监管的能力和水平，将更多金融风险的“事后处置”前移到“事前预测”“事中干预”。

四是深耕更加有利于科技和金融结合的生态环境。通过科技体制机制的改革创新，特别是解决政策制度层面的历史弊端，释放科技活力和经济潜力，为市场培育、发展更多有潜力的项目、企业和产业。同时，也要加速金融供给侧结构性改革，助力金融制度体系变革，大力培育创新资本，减小金融业虹吸效应，为新经济提供更多符合其客观发展规律的金融资源，为创新型国家建设插上科技和金融两个翅膀。

第三节　国内外金融科技产业发展分析

一、全球金融科技产业发展情况[①]

随着全球金融科技领域的融资持续升温，金融科技产业规模迅速增长并已经成为影响各国经济金融高质量发展的关键。传统金融中心和世界主要经济体纷纷制定政策，拥抱金融科技的发展，挖掘前沿技术中蕴藏的经济增长红利。

2019 年，全球金融科技领域发生 1166 笔融资（另有 55 笔并购），较 2018 年减少 46 笔；公开披露的融资总额约 2619 亿元，较 2018 年减少 1212 亿元。金融科技行业呈现北美洲和亚洲引领的态势，其中美国和中国成为全

① 全球金融科技融资报告(2019)：融资额超 2619 亿，区块链融资数量独占鳌头. http://www.01caijing.com/article/256361.htm[2020-01-16].

球金融科技领域的领导者。

2019 年，全球金融科技融资事件共涉及 56 个国家，主要发生在中国、美国、英国和印度。在融资数量上，中国的金融科技投融资共有 285 笔，占全球 24.4%，居全球首位；美国和英国分别以 273 笔和 128 笔位列其后，印度以 108 笔排名第四；其他国家除新加坡有 63 笔外，均未达到 30 笔。

从融资金额来看，美国公开披露的融资总额为 744 亿元，占全球 28.4%，遥遥领先于第二位的中国（656 亿元）以及第三位的印度（384 亿元）和第四位的英国（308 亿元）。其他国家融资金额均小于 100 亿元，其中最高的为德国的 90 亿元。

区块链和网贷热度贯穿全年。如表 8-5 所示，区块链领域虽然只有 136 亿元融资，但融资笔数达 258 笔，位列第一。网贷融资笔数为 110 笔，但融资金额排在首位，为 487 亿元。支付领域备受资本青睐，融资笔数为 159 笔，融资金额为 442 亿元。汽车金融热度攀升，全年虽仅有 30 笔融资，但涉及资金总额达到 149 亿元。位于第二梯队的互联网保险和理财同样保持着融资热度，互联网保险融资笔数达 80 笔，融资金额为 192 亿元；理财融资笔数达 103 笔，融资金额 146 亿元。

表 8-5　不同类型融资数量及金额

序号	融资领域类型	融资笔数/笔	融资金额/亿元
1	区块链	258	136
2	网贷	110	487
3	支付领域	159	442
4	汽车金融	30	149
5	互联网保险	80	192
6	理财	103	146

二、我国金融科技产业发展情况①②

在整体发展趋势上，我国金融科技行业进入了结构优化期，数字经济引

① 2019 胡润全球独角兽榜全部名单一览. https://www.sohu.com/a/348693826_100191048[2019-10-22].

② 2020 中国金融科技竞争力 100 强榜单发布 2020 金融科技百强榜单一览. https://www.maigoo.com/news/554305.html[2020-07-06].

擎功能持续显现。2013～2017 年的金融科技营收规模实现了正增长，年复合增长率达到 56.6%，2020 年的金融科技营收规模约为 1.97 万亿元。

胡润研究院 2019 年发布了《2019 胡润全球独角兽榜》。榜单共揭露 494 家独角兽企业。其中，金融科技行业独角兽企业共 56 家，上榜企业的公司估值总计 26 020 亿元，占总市值的 22%。上榜企业数量最多的国家为中国，有 22 家，中国上榜企业的公司估值为 18 160 亿元，占榜单总公司估值的七成。其中，蚂蚁金服以 10 000 亿元的公司估值位列第一。超过千亿元估值的企业有 4 家，分别是蚂蚁金服、陆金所、微众银行和京东数字科技公司。22 家上榜企业主要分布在北京、杭州、上海、深圳、南京、香港等 6 个城市，其中北京 8 家、杭州 4 家、上海 4 家、深圳 4 家，南京 1 家，香港 1 家。

北京、上海、深圳、杭州已成为中国金融科技的发展重地，具有较好的金融科技发展前景与潜质。中关村互联网金融研究院发布《2019 中国金融科技竞争力 100 强榜单》，其中北京 49 家、上海 20 家、深圳 9 家、杭州 8 家，北京、上海、深圳、杭州等一线城市在科技和金融人才的培养、聚集和储备上有较大优势，如表 8-6 所示。

表 8-6 重点城市发展情况

重点城市	发展情况
北京	金融管理总部和金融监管总部“一行两会”所在地，全国顶尖的大学和科研单位云集，以中关村为代表的全国科技创新中心建设催生了一批优秀的企业，使得北京在全国科技发展方面占有得天独厚的优势
上海	中国的商业和金融中心，金融资源整合能力和创新能力较强
杭州	杭州市政府一直以来对“互联网+”产业高度重视，拥有全国三分之一的互联网企业，是金融科技头部企业蚂蚁金服所在地，行业发展引领优势强劲，金融科技得以迅速发展
深圳	作为中国的经济特区，自身具备创新基因，有丰富的人才和技术资源，支撑金融科技的发展

资料来源：中关村互联网金融研究院. 2019 中国金融科技竞争力 100 强榜单. http://www.maigoo.com/news/523204.html.

如表 8-7 所示，从领域看，以技术类企业为主，共 51 家，其中大数据企业占比较高，共 26 家，其次是人工智能、云服务。应用类企业共 49 家，涉足 11 个细分领域，其中，占比最多的是第三方支付、保险科技和综合类企业。

表 8-7 《2019 中国金融科技竞争力 100 强榜单》重点领域发展情况

序号	领域	细分领域	数量/家
1	应用类	第三方支付	10
		保险科技	8
		综合类	7
		互联网银行	5
		智能客服、智能投研	4
		银行科技	4
		互联网证券	4
		消费金融	3
		基础设施	2
		汽车金融	1
		供应链金融	1
2	技术类	大数据	26
		人工智能	12
		云服务	6
		监管科技	5
		区块链	2

资料来源：中关村互联网金融研究院. 2019 中国金融科技竞争力 100 强榜单. http://www.maigoo.com/news/523204.html.

第四节　金融科技发展趋势和挑战

随着金融与科技的不断融合，金融科技出现以下七大方面的发展趋势和挑战。

一、区块链从概念走向应用，前景广阔但面临多重制约

区块链技术近年来一直受到广泛关注，其技术公开、不可篡改和去中心化的技术属性，拥有在金融领域应用的先天优势。本质上，区块链是一种经济模式，主要解决非信任网络的记账与系统管理问题。区块链应用的优势在

于优化业务流程、降低运营成本、提升协同效率，将在金融、物联网、公共服务和供应链管理等领域逐步体现出来。目前我国区块链创业企业行业分布集中在金融及企业服务领域，占比超过 80%，其中金融领域包括数字代币交易服务、跨国支付、供应链金融等。但目前区块链技术尚未成熟，基础设施不完善，致使行业发展受到限制，整体应用还处于一个非常早期的阶段，覆盖范围有限。如共识算法等区块链的核心技术尚存在优化和完善的空间，区块链处理效率也难以达到现实中一些高频度应用环境的要求，不能满足高频次和复杂的商用计算。

【专栏 8-2】区块链技术现状及存在问题

1. 技术介绍

区块链也被称为分布式账本技术，是一种互联网数据库技术，其特点是去中心化、公开透明，让每个人均可参与数据库记录，是基于分布式数据存储、点对点传输、共识机制、加密算法等计算机技术的新型应用模式。所谓共识机制是区块链系统中实现不同节点之间建立信任、获取权益的数学算法。

2. 产业情况

目前，供应链金融是发展较好的领域，企业服务主要集中在底层区块链架设和基础设施搭建，为互联网及传统企业提供数据上链服务，包括溯源系统、后端即服务（Backend as a Service，BaaS，公司为移动应用开发者提供整合云后端的边界服务）平台、电子存证云服务等，从整个行业分布看，我国区块链发展还处于早期探索阶段，覆盖领域有限。

3. 存在问题

由于区块链技术应用近几年才开始受到关注，大量进入这个行业的公司并不具备充足的技术准备，区块链技术人才也是凤毛麟角，而且培养周期相对于其他软件技术要长很多。所以大部分公司选择在其他开源区块链的基础上来做研发或者是直接应用。但目前所有开源的区块链系统都存在技术不成熟问题，严重影响区块链应用。

一是共识算法技术滞后导致的严重安全问题。区块链的一个重要特性是分布式，分布式去信息能被各方信任，就是通过可靠的共识算法来实现的，在区块链领域内唯一被证明的算法就是拜占庭将军问题算法，即只有采用了拜占庭将军问题算法的区块链才是安全的区块链，也是真链。由于区块链技术还在早期，国家在区块链的技术标准上相对滞后，市场上的弱链、伪链、胡链泛滥，难以区分，这是影响区块链技术应用的最大障碍。

区块链以后会使用在重要应用里面，包括金融系统（例如银行、证券、保险）、政务系统（例如税务）、公检法系统（例如证据系统）、军事系统、能源系统（例如电网等）、生物系统（例如 DNA 系统，身份识别），这些都需要高安全性和可靠性。因此，能够分辨真链、弱链、伪链、胡链非常重要。

二是处理效率低，限制了应用场景拓展。目前，开源的区块链普遍都存在效率低的问题，只能应用在很狭窄的部分及对效率要求不高的场景中。但对于金融等商用场景，对实时、高并发、高吞吐、安全等维度的实际要求，很多区块链技术公司只能在去分布式的程度上做出牺牲，通过一些中心化的技术来提升区块链的效率。例如，著名的美国 IBM 公司推出的区块链开源项目超级账本，采用了中心化的技术，成为伪链，但还在被广泛使用。

二、大数据应用不断深化，标准与规范成为关键

金融行业数据资源丰富，而且业务发展对数据依赖程度高。大数据技术在金融领域的应用起步早、发展快，已经成为金融行业的基础能力。当前，金融行业的大数据应用已经较为深入，也取得了明显成效，最大的特点是数据资产化愈加凸显，有深度的大数据分析变得越来越重要，用户画像和知识图谱成为最重要的技术。除传统实体知识图谱外，基于大数据技术的事件图谱（描述动态关系）开始越来越重要，即实时性要求越来越高。但还面临着如何合法获取数据和避免数据垄断两个关键问题，涉及法律、政策、技术、机制等方面，需要各方推动和努力。

三、人工智能应用加速发展，智能投顾仍处在发展初期

智能金融是未来金融业最重要的方向。从目前人工智能在金融领域的应用趋势来看，计算智能通过与大数据技术结合应用，已经覆盖营销、风控、

支付、投顾、投研、客服等金融应用场景。过去，投顾服务大多是券商、银行通过一对一服务实现，不少个人投资者并不在“被服务”之列。现在通过利用人工智能技术来解释和分析数据，机器人顾问能把大数据转化为对投资者有意义的数据，投顾业务的服务范围大幅扩张，投顾业务也开始从高净值人群向长尾客户转移，自动理财市场空间不断增大。不过，目前智能投顾市场仍在发展初期，很多产品不够成熟、饱受争议，但在量化交易、前沿技术、行情分析、智能匹配等多个方向，智能投顾一直都在探索前行，有望不断加快项目落地。

【专栏 8-3】人工智能在金融文本分析中的应用

1. 需求分析

随着金融行业的规范化及信息化程度日益增加，各种金融文本呈指数增加，行业中的各个环节都存在并产生海量的金融文本，比如首次公开募股发审、银行信审等。各种数值数据市面上存在众多解决方案，但针对最耗时耗力的文本数据，目前缺乏有效的工具来提升检索准确度与阅读效率。在辅助文本分析与决策领域，目前国外的先进国家和地区已经形成了一批专门从事金融文本智能化辅助的巨头/独角兽，比如横扫华尔街的肯硕（Kensho）公司以 5.5 亿美元被高盛集团收购，帕兰提尔（Palantir）公司获得五角大楼 19 亿美元的天价订单。

金融文本主要包括三类，分别是上市公司，三板、四板市场，一级市场。

上市公司的金融文本包括公司公告、公司要览、财务报告、基金公告、债券公告、监管公告、督导意见、机构研报等；三板市场的金融文本包括公司公告、业务周知、监管信息、审查信息等，四板市场的金融文本包括公告、登记托管、产品公告等；一级市场的金融文本包括项目简介、风险投资、研究报告等。

2. 技术情况

人工智能技术的突飞猛进，给各个行业带来了革命性的变化。目前，人工智能技术在图像识别、策略规划等领域已趋于成熟，并在产业中得到广泛应用，同时业务也越来越集中并呈现被少数巨头垄断的趋势。自然语言理解作为人工智能皇冠顶端的明珠，目前正日趋成熟，发展空间巨大。金融数据面向社会各行各业，其多样性决定了知识图谱在金融文本处理中的重要地位。常识知识图谱定义了金融文本中各种概念及行业术语，数据知识图谱将各种金融数据关联在一起，为高效精准的金融搜索及智能产业推理提供技术基础。

3. 存在问题

一是交易数据等数值型数据的机器处理已成熟并广泛应用，但结构化程度低、内容丰富、逻辑复杂的金融文本数据长期依靠人工，耗费人力、物力。

二是我国高净值人群数量及财富快速增长，对资产多元化配置、科技领域投资有很高意愿，但市面理财及投资产品大多面向金融从业者及专业人士。

四、云计算应用进入深水区，更加关注专业性与安全性

云计算技术发展已经进入成熟期，金融云的应用也正在向更加核心和关键的“深水区”迈进。据中国信息通信研究院的调研，已有过半数的金融机构使用了基础设施即服务软件（OpenStack）等开源云计算技术。传统计算、网络和存储云方案已经同质化，客户需要的是上层平台即服务（PaaS）、SaaS服务能力，甚至是业务和商业解决方案能力。因而，有互联网金融实际业务经验、有生态合作伙伴的云计算服务商更能得到金融客户的青睐。金融客户对云计算的专业服务能力和安全稳定性提出了更高要求。

【专栏 8-4】网络支付清算市场现状及存在问题

1. 行业情况

近年来，中国网络支付市场高速发展，服务创新及场景应用日趋丰富，市场规模不断扩大，创造了显著的社会经济效益。业务体量、普及程度以及创新模式均处于世界领先地位，成为备受瞩目的新兴金融领域。同时，网络支付清算基本业务流程不断优化，如专图 8-2 所示。

2. 存在问题

网络支付市场行业前期的自由生长以及前沿技术的广泛应用，为金融监管和金融支撑体系带来了新业态及新技术架构的双重冲击。

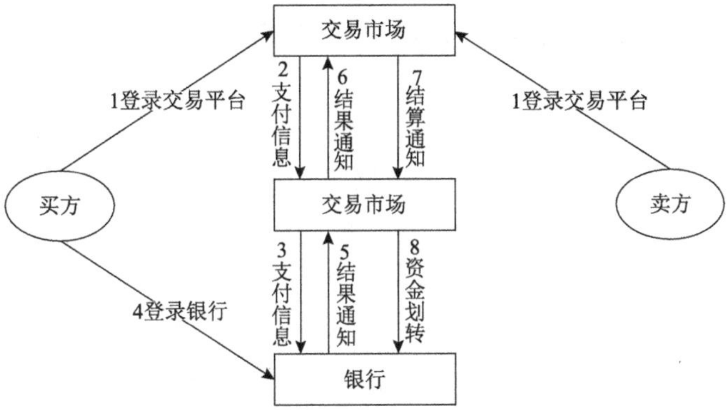

专图 8-2　网络支付清算基本业务流程

一方面，行业创新相对无序。支付机构直连银行，违规跨行清算，海量交易难于监管，资金挪用与洗钱等风险时有发生，并存在标准不一、重复建设、资源浪费等问题。

另一方面，既有系统架构难以有效满足网络支付市场需求。为适应网络支付小额、高频、高并发特性，支付机构普遍采用分布式新系统架构，而传统集中式架构系统已成为交易处理链条上的瓶颈。同时行业清算基础设施缺位，既有清结算系统也有普遍采用的传统架构，难以适配日益增长的网络支付市场需求。

3. 网联成立背景

2016 年 10 月，中国人民银行支持中国支付清算协会组建非银行支付机构网络支付清算平台，并于 2017 年 3 月底启动试运行，网联清算平台主要处理非银行支付机构发起的涉及银行账户的网络支付业务。同时，协会牵头筹建平台运营机构，按照支付机构“共建、共有、共享”及中国人民银行有效监管原则，合理设计运营机构的股权结构和公司治理架构。

网络支付清算平台是国家重要金融基础设施。平台的建成投产，不仅为支付机构和银行提供清算通道和平台，也将促进行业提升效率，节约成本；对提高金融监管和宏观调控的有效性非常重要，可增强监管的便利性和有效性，带动和促进金融产业发展；有助于提升金融体系运行的安全性，防控金融风险，增强金融稳定，统一市场标准，推动整个支付产业的管理水平、运营水平的提升和飞跃，为行业金融科技进步提供人员、系统、实践经验多方面的支撑。

五、监管科技亟待加强创新，将成为新应用的爆发点

随着金融科技广泛应用，金融生态发生深刻变革，金融服务模式创新层出不穷，加深了金融信息安全的管控风险，业务发展能力与安全防控能力失衡，给违规违法创造了新的空间。金融科技具有极强的跨市场、跨行业特点，传统模式下事后的、手动的、基于传统结构性数据的监管范式不能满足金融科技新业态的监管需求，以降低合规成本、有效防范金融风险为目标的监管科技（RegTech）正成为金融科技的重要组成部分。利用监管科技，一方面，金融监管机构能够更加精准、快捷和高效地完成合规性审核，减少人力支出，实现对金融市场变化的实时把控，进行监管政策和风险防范的动态匹配调整。另一方面，金融从业机构能够无缝对接监管政策，及时自测与核查经营行为，完成风险的主动识别与控制，有效降低合规成本，增强合规能力。未来几年，监管科技将依托监管机构的管理需求和从业机构的合规需求，进入快速发展阶段，成为金融科技应用的爆发点。

【专栏 8-5】金融科技监管沙盒发展情况及存在问题

1. 技术模式介绍

沙盒本意是指一个装满沙子的盒子，大家可以随意地在沙盒里书写、画画或者做模型，无论结果的好坏，到最后轻轻一抹，沙盒又会恢复最初的平整状态，而不会对沙盒之外的环境造成破坏。

监管沙盒相当于一个受监督的安全测试区，通过对测试设立限制性条件和制定消费者权益保护措施，允许金融服务机构在真实的市场环境中，以真实的消费者为对象，测试创新性产品、服务和商业模式。在实际运行过程中，监管者通过沙盒机制了解创新企业，利用云计算、大数据、人工智能、区块链等技术支持提供监管指导，及时获取数据和信息反馈，为企业"画像"，并进行风险和可行性评估。金融服务机构通过沙盒机制获得监管的特别授权，测试创新产品、服务和商业模式而不受到现行监管规则的完全约束。此外，金融服务机构也可充分利用沙盒机制来搜集市场、行业和消费者的反馈信息，有针对性地完善创新产品和服务，减少创新产品、服务等投放市场的时间，

降低监管风险，吸引更多投资。

2. 涉及主体

监管沙盒涉及的角色主要有5个：金融服务机构、消费者、需求方、监管机构、监管沙盒管理机构（专图 8-3）。金融服务机构主要提供金融中介服务，设计接受存款、交易、承销、咨询和信托等，也是监管沙盒测试的实施方。消费者为金融服务机构提供资金，并获得资金回报，是监管沙盒的参与者；需求方为资金的需求方，从金融服务机构获得服务、资金。监管机构对金融服务机构的业务进行监管，保障金融合法、稳定发展。监管沙盒管理机构负责对监管沙盒测试申请的审核、监督和管理，保障测试的正常、合法运营。

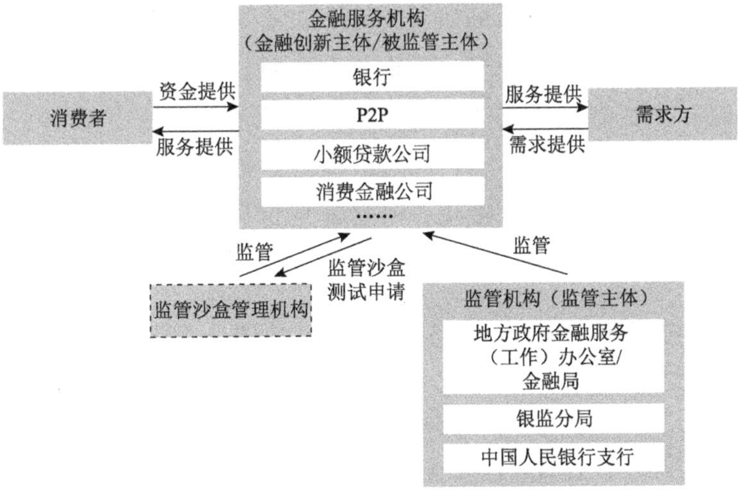

专图 8-3　金融科技监管沙盒结构模式

3. 存在技术问题

目前，对于监管沙盒的实施，国家还未建立监管沙盒的管理平台，导致沙盒测试效率低下、监管不及时。近年来，世界诸多发达国家都开始积极探索监管沙盒模式，英国、新加坡、加拿大、澳大利亚等均建立了各自的监管沙盒机制和流程。但在这些国家的监管沙盒中尚未搭建监管沙盒平台系统，测试企业需通过邮件向金融行为监管部门发送测试申请，在测试过程中不进行监管，所有的流程、数据均没有系统管理。这种情况造成了测试效率低下、监管不及时的问题，影响监管沙盒的运行，导致金融创新的效果和效率不高。

因此，需要通过云计算及大数据技术，实现对监管沙盒的管理以及风险监控，以提升监管沙盒的测试效率，避免金融风险的发生。

六、行业技术需求不断扩展，应用场景仍有待丰富

金融科技应用在推动金融行业转型发展的同时，金融业务的发展变革也在不断衍生出新的技术应用需求：一是发展层面，新技术应用推动金融行业向普惠金融、小微金融和智能金融等方向转型，而新的金融模式又衍生出在营销、风控和客服等多个领域的一系列新需求，要求新的技术创新来满足；二是监管层面，科技与金融的结合带来了一系列创新的金融业务模式，但同时也带来了一系列监管问题，对金融监管提出了新的要求，需要监管创新来实现和支撑。另一方面，金融科技应用场景仍有待丰富和完善，云计算和大数据技术在金融领域的应用覆盖范围还不足，主要是反欺诈、用户营销，场景相对单一，在提升效益、效率方面还有很多空间可以开拓；作为未来最大的金融市场，财富管理市场中的金融科技渗透率和应用水平还不高。

七、新一代技术形成融合生态，金融科技进入新阶段

云计算、大数据、人工智能和区块链等技术运用并非彼此孤立，而是相互关联、相互促进的。云计算是基础设施，大数据是基础资源，人工智能依托于云计算和大数据，推动金融科技走向智能金融阶段。区块链为金融业务基础架构和交易机制的变革创造了条件，它的实现离不开数据资源和计算能力的支撑。从未来发展趋势看，云计算、大数据、人工智能和区块链等新兴技术在实际应用过程中变得越来越紧密，彼此的技术边界在不断模糊，未来的金融科技创新将越来越多地集中在技术交叉和融合区域。尤其在金融行业的具体应用落地方面，金融云和金融大数据平台一般都是集中一体化建设，人工智能的应用也会依托集中化平台来部署实现。新一代技术的发展正在形成融合生态，并推动金融科技发展进入新阶段。

第五节　下一步工作推进建议

一、金融科技发展的总体思路

提高站位，充分认识发展金融科技的战略意义，紧紧抓住金融科技发展的重大机遇，加强统筹，形成强大合力，搭建科技与金融互动平台，完善专业服务体系，积极争取金融监管部门开展金融科技试点，着力加强金融科技基础设施建设、监管科技创新、产业创新、研发应用创新、标准化创新、政策服务创新，驱动科技金融服务创新，齐心协力将有条件的区域打造成金融科技创新的引领者、产业发展的增长极、制度标准的策源地和创新人才的首选地，为科技创新中心建设和我国区域实体经济发展做出更大贡献。

二、金融科技发展的举措建议

（一）聚焦金融科技监管和风险防控体系建设

全力布局金融监管科技，助力国家金融监管。加强与国家监管部门对接，积极配合监管机构通过实时、系统嵌入式的合规评估、风险评估工具等科技手段进行实时监管，服务监管部门提升金融监管效能。积极服务金融机构监管科技创新示范应用、建立完善金融机构监管科技创新管理体制。积极服务监管科技应用实践，利用大数据、人工智能、云计算等技术不断创新金融监管手段，提升跨行业、跨市场交叉性金融风险的甄别、防范和化解能力。借鉴发达国家监管政策，在重点金融科技产业园区内，探索创造“监管实验区域”，在审慎监管基础上激发金融产品和服务创新活力。通过科技手段加强对重点金融科技企业及资金链的动态监测，制定金融科技突发事件应急预案。

（二）完善金融科技产业创新生态

依托金融科技与专业服务示范区等园区建设，完善金融科技产业创新生态。加快金融科技领军企业聚集，推动国家金融监管部门和国有大型金融机构的衍生企业落地，引进科技龙头企业衍生的金融科技前沿企业，培育金融科技独角兽企业。支持金融科技企业和金融机构为主体，开展顶层关键技术、前沿技术研发，有效解决产业的共性关键问题。鼓励传统金融机构转型升级，创新产品和服务业态。支持银行业进行网点智慧化改造，利用技术创新手段提升服务效率；鼓励保险行业利用前沿技术，开发基于用户行为习惯的创新型保险产品；支持证券业发展智能投顾行业，拓展个性化的财富管理业务。支持企业、金融机构设立金融科技孵化器、加速器等载体，建立涵盖技术研发、企业孵化、产业培育、市场应用的全链条、专业性服务体系。

（三）实施金融科技研发应用示范工程

建设金融科技研发服务平台，鼓励企业或机构开展金融科技底层技术研究，建设各类金融科技实验室。建设金融科技校企协同创新平台，加强与国内外高校及科研院所合作。举办“金融科技技术创新大赛”等具有国际影响力的品牌活动，大力吸引金融大数据、人工智能、区块链、智能征信等相关的优秀项目和人才落地。围绕智能征信、智能风控、供应链金融、监管科技等重点领域，开展金融科技应用场景重大示范，引导企业积极参与应用场景的整体解决方案设计，促进创新成果的展示和推广。

（四）推动金融科技国际化标准体系建设

支持相关机构开展金融科技核心标准研制。统筹制定跨市场交叉性金融产品标准；充分发挥金融科技在征信领域的作用，创新信用体系建设模式；探索构建金融大数据标准体系，研究制定前沿技术在金融业的应用标准。全力支持企业机构参与、主导国际金融科技标准化工作，提出国际标准方案，建立“中国标准”体系，占领未来国际金融秩序战略制高点。通过选择金融科技市场的双边参与和非正式对话，降低和破除金融科技商业的贸易壁垒。

（五）优化金融科技发展的政策服务环境

根据金融科技发展规律，结合各省（自治区、直辖市）的区域资源禀赋和发展需求，出台省市两级层面的金融科技产业专项支持政策，优化适合金融科技发展的政策服务环境。强化人才引进政策，支持金融科技高端人才的引进，完善人才培养机制，加强行业人才体系建设。建立完善的金融科技投资引导机制，依托各省（自治区、直辖市）的科技创新基金，设立金融科技子基金，引导投资机构、领军企业投资金融科技，促进前沿技术、创新成果的转化和产业化。建立重点企业协调服务机制，针对金融科技行业领军企业、上市或拟上市企业、独角兽企业发展中的重大需求，提供一企一策服务。把握金融开放时间表，推进金融业扩大开放先行先试。

（六）依托金融科技创新科技金融服务

引导支持金融科技企业、金融科技研发机构基于大数据和人工智能技术，构建以数据驱动为核心的中小科技企业评价评级系统，开展中小科技企业和科技项目评价评级工作，建立符合其特点的风险评价和增信模型。通过技术“画像”，深度分析挖掘海量数据背后的目标企业和项目特征及行为需求，遴选出高成长潜力企业和高技术性项目，有效解决科技金融供需双方信息不对称问题，帮助金融机构充分发掘科技企业和项目的信用价值、市场价值，从而给予资金支持。

参考文献

冯强. 2018. 金融科技发展、影响与监管研究. 金融经济, (24): 50-51.

克里斯·布鲁木, 叶沙·雅德乌, 张磊, 等. 2019. 金融科技监管与创新的三元悖论. 经济社会体制比较, (6): 24-33.

李广子. 2020. 金融与科技的融合: 含义、动因与风险. 国际经济评论, (3): 91-106, 6.

刘连舸. 2019. 金融科技引领全球金融业新格局. 国际金融, (12): 3-4.

尹然, 张羽佳, 夏成敏. 2019. 金融科技现状分析及未来展望. 品牌研究, (11): 33-34.

中关村互联网金融研究院. 2019. 榜单发布|2019 中国金融科技竞争力 100 强企业揭晓. http://www.beagledata.com/?p=4459, 2019,06,27/2020,12,17[2020-12-17].

中国信息通信研究院. 2018. 《中国金融科技产业生态分析报告》发布(附 PPT 解读). https://www.sohu.com/a/217085541_735021[2020-12-16].

中国信息通信研究院. 2019. 中国金融科技生态白皮书(2019 年). https://max.book118.com/html/2019/0710/5320330114002103.shtm[2020-12-16].

CIIA. 2019. 金融科技与量化投资交易市场介绍. https://zhuanlan.zhihu.com/p/67173526[2020-12-16].

第九章　科技金融未来发展和研究的方向与重点

基于对改革进程和特征的梳理以及改革复杂形势的分析，未来的科技金融发展应进一步以市场化改革为大方向和主基调，着眼科技金融需求结构的重大变迁，前瞻性地设计好改革的目标、路径和措施。

第一节　科技金融未来发展的方向与重点[①]

一、市场化是科技金融发展的大方向与主基调

当前及今后一段时期内，持续深化科技金融的市场化改革，发挥市场在配置科技创新资源中的决定性作用仍是科技金融发展的大方向和主基调。同时，应更好地发挥政府在机制建设中的重要作用。

发挥市场在配置科技创新资源中的决定性作用，就是要更加尊重“市场决定资源配置”这一市场经济基本规律，大幅度减少政府对科技创新资源的直接配置，依据市场机制来推动科技创新资源配置，实现最优化。在新一轮的科技金融发展中，建立健全在市场参与主体理性决策基础上实现均衡和市场出清机制仍是主要任务。市场化改革应当解决市场内活力不足的问题，重点厘清解决风险收益不平衡问题。创造与风险收益匹配的市场结构，通过市场拉力来引导金融资本和社会资金投入科技创新领域，进而提高科技金融绩效。

更好地发挥政府在机制建设中的重要作用，弥补科技金融领域的市场失灵，加强统筹协调。政府引导需要更加精准，根据创新规律、科技企业成长规律和产业发展规律等，选择支持的侧重点。

---

① 本节部分内容首发于《中国软科学》，2019 年 3 月刊（张明喜等，2019）。

二、助力创新是科技金融发展的核心目标

根据经济要素在经济结构中的地位和作用，迄今为止，人类经济发展方式从低级到高级依次经过斯密发展、库兹涅茨发展、熊彼特发展等几个阶段。熊彼特发展是创新在经济增长中占主导地位的经济发展方式，创新成为重要的驱动力。

熊彼特发展阶段需要更加突出金融对创新的支持作用。按照金融与创新之间的关系，重新认识科技金融的本质。科技金融发展的核心是助力创新驱动，无疑具有紧迫性。围绕产业链部署创新链，提高创新活动有效性。围绕创新链来完善资金链，提高创新资源配置精准性。

通过产业链、创新链、资金链融合发展，不断提升国家创新体系整体效能，形成巨大的创新、创业和创富叠加效应，从而实现资源优化再生、企业技术提升、产业结构升级，经济发展方式由低级向高级发展，产品附加值与人民生活水平不断提高，社会文明形态从低级向高级演化。值得注意的是，科技金融不能包打天下，其有适用的领域和范围。

三、加快建设创新型国家是科技金融发展的战略任务

党的十九大报告强调，创新是引领发展的第一动力，是建设现代化经济体系的战略支撑。按照中共中央的决策部署，把加快建设创新型国家作为现代化建设全局的战略举措，加快建设创新型国家是科技金融发展的战略任务。

我国科技投入近年来持续增长，但是存在总量不足、结构失衡、使用效率不高等问题。需要深入推进科技管理体制改革，不断优化科技创新资源配置，充分调动政府、企业和其他社会力量的积极性。政府投入要聚焦基础前沿和重大项目设施，发挥“四两拨千斤”的作用，同时充分发挥金融资本的作用，大力发展投贷联动，完善资本市场，促进科技创新与资本的有机结合。

四、加快构建新产业体系是科技金融发展的根本

党的十九大报告提出，着力加快建设实体经济、科技创新、现代金融、人力资源协同发展的产业体系。在现代化经济体系中，实体经济、科技创新、

现代金融、人力资源相辅相成，共同构成现代化经济体系的“四大支柱”。无论是实体经济发展还是实体经济与科技创新的深度融合，都离不开现代金融的服务和支持。

作为现代金融的重要组成部分，科技金融在加快构建新产业体系中将发挥重要作用。一是围绕实体经济发展这个着力点，特别是先进制造业和现代服务业发展，提供更加高效便捷、成本合理的融资服务。二是围绕互联网、大数据、人工智能与实体经济融合产生的新经济、新业态、新创业发展，提供更好的风险和创业融资服务，为中小微企业提供更加普惠的金融服务。三是为传统产业企业的技术改造和设备更新提供更加便利和价格低廉的融资服务，为“去杠杆”提供更好的股权融资服务。

五、健全科技投融资体系是科技金融发展的基本要求

引导金融资本、民间投资参与科技创新，不断增加全社会研发投入，加快形成多元化、多层次、多渠道的科技投融资体系。从创新的角度而言，资本型融资比债务型融资更具优势。

因此，建立市场主导的直接融资体系迫在眉睫。同时，要引导资本投资前移，这意味着不仅要大力发展天使投资、创业投资和私募股权投资，更要使高净值人群成为机构投资者。

六、完善科技金融工作体系是科技金融发展的组织保障

一是建立多部门合作的科技金融推进机制。完善科技金融工作的顶层设计，进一步强化科技部与“一行两会”、财政部、国务院国有资产监督管理委员会、国家税务总局等部门的联动工作机制，将科技金融纳入宏观经济政策框架体系中加以统筹考虑。

二是健全央地联动、政金协同的科技金融工作体系。加强中央和地方联动，充分调动两个积极性；强化政府与金融部门（机构）的协调、财政资金和金融资金协同，形成功能互补、良性互动的科技金融新格局，营造良好的科技金融生态。

三是完善科技金融研究网络体系。构建促进科技金融发展的研究网络，

开展科技金融理论研讨，强化科技金融前瞻性研究，为深化科技金融发展做好理论储备与支撑。

第二节　科技金融未来研究的方向和思考

针对前面的研究，本书认为，未来仍有很多需要进一步思考和研究的问题。

第一，当前我国金融体系和金融产品服务业态正在发生非常活跃的变化，特别是区块链等技术的出现促使了金融基因的改变，金融脱媒速度加快，科技可能会以意想不到的速度加快中国金融的结构性改革。因此，科技金融是一个不断更新的课题，并不能只靠传统的金融理论分类就能把它归纳和认识清楚。

第二，随着金融机构综合化经营趋势的日益加剧，金融产品创新内容的逐渐丰富和金融科技手段的渗透运用，当一种全新的金融产品进入全新的体系中，需要通过大量的人工智能等复杂算法和手段来判断金融背后所蕴含的深刻问题。

第三，当谈及金融体系全球化的时候，需要注意的是，有人从全球化中大量获益，也有人因全球化而受损。例如，支付宝和微信已经掌握了大量的用户数据。余额宝收益虽然几乎在货币基金中最低，但是持续保持市场销量第一。这就是金融寡头，由此也形成了全球化时代下的数字鸿沟。因此，需要重视改善数字普惠金融可能带来的数字鸿沟问题，加强基础监管制度建设。

第四，发展科技金融要与国家治理体系中的其他治理手段密切结合。在科技金融领域，有一个因素往往被淡漠，即人的因素。当我们更加强调科技金融服务中科技创新的功能的时候，往往忽略了技术治理的问题，忽略了科技金融自身可能带来的风险，这种风险将会导致人自主权的丧失，这同样值得关注。

第五，新型冠状病毒肺炎疫情之后，为了稳定经济运行、抢抓新增长点，更需要充分发挥科技金融对新经济企业的育成作用，用金融资本杠杆加快新技术、新模式的价值实现，促进更多的新经济健康发展，并赋能传统产业转型发展。科技金融作为金融领域的创新物种，也与新经济企业和新兴产业一样，需要适宜、宽松的发展环境。因此，如何进行金融制度的深层次改革被提上了重要的议事日程。

第六，随着5G、量子计算、区块链、物联网、人工智能等技术的发展，金融作为最敏感的领域有望先行导入和应用。金融科技的发展也将给科技金融带来新的发展空间。普遍认同长期经济增长的动力主要源自创新引致的外部性，金融与科技的交互协同是决定这种长期增长的一个重要因素和关键动力。从长期来看，增长的动力主要来自科技金融与金融科技的耦合效率。

参考文献

张明喜，郭滕达，张俊芳. 2019. 科技金融发展40年：基于演化视角的分析. 中国软科学，(3)：20-33.

附　　录

附表1　我国科技金融政策法规体系

序号	主要的科技金融政策	颁布部门	颁布时间	主要内容
1	《国家中长期科学和技术发展规划纲要（2006—2020年）》	国务院	2006年	实施促进创新创业的金融政策①
2	《实施〈国家中长期科学和技术发展规划纲要（2006—2020年）〉的若干配套政策》②	国务院	2006年	加强政策性金融对自主创新的支持。 引导商业金融，支持自主创新。 改善对中小企业科技创新的金融服务。 加快发展创业风险投资事业。 建立支持自主创新的多层次资本市场。 支持开展对高新技术企业的保险服务。 完善高新技术企业的外汇管理政策
3	《关于印发〈促进科技和金融结合试点实施方案〉的通知》③	科技部、中国人民银行、银监会、证监会、保监会	2010年	科技部、中国人民银行、银监会、证监会、保监会决定联合开展"促进科技和金融结合试点"
4	《关于印发〈国家科技成果转化引导基金管理暂行办法〉的通知》	财政部、科技部	2011年	加速推动科技成果转化与应用，引导社会力量和地方政府加大科技成果转化投入，中央财政设立国家科技成果转化引导基金④
5	《关于促进科技和金融结合加快实施自主创新战略的若干意见》	科技部、财政部、中国人民银行、国务院国有资产监督管理委员会、国家税务总局、银监会、证监会、保监会	2011年	（一）充分认识科技和金融结合的重要意义。 （二）优化科技资源配置，建立科技和金融结合协调机制。 （三）培育和发展创业投资。 （四）引导银行业金融机构加大对科技型中小企业的信贷支持。

① 国务院关于印发实施《国家中长期科学和技术发展规划纲要（2006—2020年）》若干配套政策的通知. http://www.gov.cn/zwgk/2006-02/26/content_211553.htm[2006-02-07].

② 国务院关于印发实施《国家中长期科学和技术发展规划纲要（2006—2020年）》若干配套政策的通知. http://www.gov.cn/zwgk/2006-02/26/content_211553.htm[2006-02-07].

③《关于印发〈促进科技和金融结合试点实施方案〉的通知》. http://www.most.gov.cn/fggw/zfwj/zfwj2010/201012/t20101224_83952.htm[2010-12-24].

④《关于印发〈国家科技成果转化引导基金管理暂行办法〉的通知》. http://www.most.gov.cn/tztg/201107/t20110707_88042.htm[2011-07-07].

续表

序号	主要的科技金融政策	颁布部门	颁布时间	主要内容
5	《关于促进科技和金融结合加快实施自主创新战略的若干意见》	科技部、财政部、中国人民银行、国务院国有资产监督管理委员会、国家税务总局、银监会、证监会、保监会	2011年	（五）大力发展多层次资本市场，扩大直接融资规模。 （六）积极推动科技保险发展。 （七）强化有利于促进科技和金融结合的保障措施。 （八）加强实施效果评估和政策落实①
6	《科技部关于印发进一步鼓励和引导民间资本进入科技创新领域意见的通知》	科技部	2012年	进一步鼓励和引导民间资本进入科技创新领域，提升民营企业技术创新能力，促进民间投资和民营企业健康发展
7	《中共中央 国务院关于深化科技体制改革加快国家创新体系建设的意见》	中共中央、国务院	2012年	促进科技和金融结合②，创新金融服务科技的方式和途径
8	《国务院办公厅关于金融支持经济结构调整和转型升级的指导意见》	国务院办公厅	2013年	更好地发挥金融对经济结构调整和转型升级的支持作用，更好地发挥市场配置资源的基础性作用，更好地发挥金融政策、财政政策和产业政策的协同作用，优化社会融资结构，持续加强对重点领域和薄弱环节的金融支持，切实防范化解金融风险
9	《中共中央 国务院关于深化体制机制改革加快实施创新驱动发展战略的若干意见》③	中共中央、国务院	2015年	强化金融创新的功能。发挥金融创新对技术创新的助推作用，培育壮大创业投资和资本市场，提高信贷支持创新的灵活性和便利性，形成各类金融工具协同支持创新发展的良好局面④
10	《中华人民共和国促进科技成果转化法》	全国人民代表大会	2015年	打通科技与经济结合通道，从法律层面创新主体转移转化科技成果
11	《推进普惠金融发展规划（2016—2020年）》	国务院	2016年	从国家层面确立普惠金融的实施战略
12	《国家创新驱动发展战略纲要》	中共中央、国务院	2016年	国家创新驱动发展纲要的系统谋划和顶层部署

① 《关于促进科技和金融结合加快实施自主创新战略的若干意见》. http://www.most.gov.cn/fggw/zfwj/zfwj2011/201111/t20111102_90639.htm[2011-11-02].

② 《中共中央 国务院关于深化科技体制改革加快国家创新体系建设的意见》. http://www.gov.cn/gongbao/content/2012/content_2238927.htm[2012-09-23].

③ 《中共中央 国务院关于深化体制机制改革加快实施创新驱动发展战略的若干意见》. http://www.gov.cn/xinwen/2015-03/23/content_2837629.htm[2015-03-23].

④ 《中共中央 国务院关于深化体制机制改革加快实施创新驱动发展战略的若干意见》. http://www.gov.cn/xinwen/2015-03/23/content_2837629.htm[2015-03-23].

续表

序号	主要的科技金融政策	颁布部门	颁布时间	主要内容
13	《关于深化投融资体制改革的意见》	中共中央、国务院	2016年	坚持企业投资核准范围最小化，原则上由企业依法依规自主决策投资行为；探索建立并逐步推行投资项目审批首问负责制；探索建立多评合一、统一评审的中介服务新模式
14	《国务院关于印发〈"十三五"国家科技创新规划〉的通知》	国务院	2016年	完善科技与金融结合机制，大力发展创业投资和多层次资本市场
15	《关于构建绿色金融体系的指导意见》	中国人民银行、财政部、国家发展改革委、环境保护部、银监会、证监会、保监会	2016年	支持我国经济向绿色化转型，促进环保、新能源、节能等领域的技术进步，加快培育新的经济增长点，提升经济增长潜力①
16	《国务院办公厅关于推广支持创新相关改革举措的通知》	国务院办公厅	2017年	推广3项科技金融创新、5项创新创业政策环境改革、2项外籍人才引进改革、3项军民融合创新改革
17	《科技部 全国工商联印发〈关于推动民营企业创新发展的指导意见〉的通知》	科技部、中华全国工商业联合会	2018年	针对民营中小微企业融资难、融资贵问题，发展完善科技金融，形成科技创新与创业投资基金、银行信贷、融资担保、科技保险等各种金融方式深度结合的模式和机制，为民营中小微企业营造良好投融资环境。鼓励有影响、有实力的民营金融机构，通过设立创业投资基金、投贷联动、设立服务平台开展科技金融服务等方式，为民营中小微企业提供投融资支持②
18	《科技部 国资委印发〈关于进一步推进中央企业创新发展的意见〉的通知》	科技部、国务院国有资产监督管理委员会	2018年	主要目标是建立特色鲜明、要素集聚、活力迸发的中央企业创新体系；突破一批核心关键技术，在若干重点产业领域形成一批具有国际影响力和竞争力的创新型中央企业；取得一批对国家经济社会发展具有重要作用的创新成果，推动高质量发展，为我国建成创新型国家和现代化经济体系提供强有力的支撑③

① 七部委印发《关于构建绿色金融体系的指导意见》. http://www.scio.gov.cn/32344/32345/35889/36819/xgzc36825/Document/1555348/1555348.htm[2016-08-31].

②《科技部、全国工商联印发〈关于推动民营企业创新发展的指导意见〉的通知》. http://www.gov.cn/gongbao/content/2018/content_5338239.htm[2018-05-18].

③《科技部 国资委印发〈关于进一步推进中央企业创新发展的意见〉的通知》. http://www.gov.cn/gongbao/content/2018/content_5327472.htm[2018-04-19].

续表

序号	主要的科技金融政策	颁布部门	颁布时间	主要内容
19	《国务院办公厅关于全面推进金融业综合统计工作的意见》	国务院办公厅	2018年	加快推进金融业综合统计，是有效监测金融服务实体经济成效、提高服务效率的关键信息基础，是前瞻性防范化解系统性金融风险、维护金融稳定的迫切需要，是全面深化金融体制改革、建立现代金融体系的重要举措①
20	《关于进一步深化小微企业金融服务的意见》	中国人民银行、中国银行保险监督管理委员会、证监会、国家发展改革委、财政部	2018年	继续实施稳健中性的货币政策，保持货币信贷总量合理稳定增长，为小微企业融资发展提供良好金融环境。综合运用公开市场操作、中期借贷便利等货币政策工具，为金融机构发放小微企业贷款提供流动性支持
21	《科技部 全国工商联印发〈关于推动民营企业创新发展的指导意见〉的通知》	科技部、中华全国工商业联合会	2018年	针对民营中小微企业融资难、融资贵问题，发展完善科技金融，形成科技创新与创业投资基金、银行信贷、融资担保、科技保险等各种金融方式深度结合的模式和机制，为民营中小微企业营造良好投融资环境。鼓励有影响、有实力的民营金融机构，通过设立创业投资基金、投贷联动、设立服务平台开展科技金融服务等方式，为民营中小微企业提供投融资支持②
22	《关于进一步深化小微企业金融服务的意见》	中国人民银行、中国银行保险监督管理委员会、证监会、国家发展改革委、财政部	2018年	加大金融科技等产品服务创新。银行业金融机构要加强对互联网、大数据、云计算等信息技术的运用，改造信贷流程和信用评价模型，降低运营管理成本，提高贷款发放效率和服务便利度。支持开发性、政策性银行以转贷形式向银行业金融机构批发资金，建立单独的批发资金账户，实行台账管理，确保资金专门用于支持小微企业。创新开展知识产权、仓单、存货等抵质押融资业务
23	《关于扩大〈国有科技型企业股权和分红激励暂行办法〉实施范围等有关事项的通知》	财政部、科技部、国务院国有资产监督管理委员会	2018年	将国有科技型中小企业、国有控股上市公司所出资的各级未上市科技子企业、转制院所企业投资的科技企业纳入激励实施范围。③对于国家认定的高新技术企业不再设定研发费用和研发人员指标条件
24	《国务院关于推动创新创业高质量发展打造“双创”升级版的意见》	国务院	2018年	引导金融机构有效服务创新创业融资需求、充分发挥创业投资支持创新创业作用、拓宽创新创业直接融资渠道、完善创新创业差异化金融支持政策，进一步完善创新创业金融服务

①《国务院办公厅关于全面推进金融业综合统计工作的意见》. http://www.gov.cn/zhengce/content/2018-04/09/content_5280995.htm[2018-04-09].

② 科技部、中华全国工商业联合会印发《关于推动民营企业创新发展的指导意见》的通知. http://www.gov.cn/gongbao/content/2018/content_5338239.htm[2018-05-18].

③《关于扩大〈国有科技型企业股权和分红激励暂行办法〉实施范围等有关事项的通知》. http://www.most.gov.cn/tztg/201810/t20181023_142390.htm[2018-10-23].

续表

序号	主要的科技金融政策	颁布部门	颁布时间	主要内容
25	《国务院办公厅关于推广第二批支持创新相关改革举措的通知》	国务院办公厅	2018年	在改革试验区和全国推广知识产权保护、科技成果转化激励、科技金融创新、军民深度融合和管理体制创新等方面的23项举措。其中科技金融创新方面的5项举措分别是区域性股权交易市场设置科技创新专板，基于“六专机制”的科技型企业全生命周期金融综合服务，推动政府股权基金投向种子期、初创期企业的容错机制，以协商估值、坏账分担为核心的中小企业商标质押贷款模式，创新创业团队回购地方政府产业投资基金所持股权的机制①
26	《关于加强金融服务民营企业的若干意见》	中共中央办公厅、国务院办公厅	2019年	以公平公正、聚焦难点、压实责任、标本兼治四项基本原则通过综合施策，实现各类所有制企业在融资方面得到平等待遇，确保对民营企业的金融服务得到切实改善，融资规模稳步扩大，融资效率明显提升，融资成本逐步下降并稳定在合理水平，民营企业特别是小微企业融资难、融资贵问题得到有效缓解，充分激发民营经济的活力和创造力②

附表 2　我国创业投资领域主要政策

序号	主要的科技金融政策	颁布部门	颁布时间	主要内容
1	《国务院办公厅转发发展改革委等部门关于创业投资引导基金规范设立与运作指导意见的通知》	国务院办公厅	2008年	配合《创业投资企业管理暂行办法》（国家发展改革委等十部委令2005年第39号）实施，促进创业投资引导基金的规范设立与运作，扶持创业投资企业发展③
2	《国家税务总局关于实施创业投资企业所得税优惠问题的通知》	国家税务总局	2009年	创业投资企业的有关所得税优惠政策规定
3	《国家发展改革委 财政部关于实施新兴产业创投计划、开展产业技术研究与开发资金参股设立创业投资基金试点工作的通知》	国家发展改革委	2009年	国家发展改革委、财政部决定实施新兴产业创业投资计划，扩大产业技术研发资金创业投资试点，推动利用国家产业技术研发资金，联合地方政府资金，参股设立创业投资基金（即创业投资企业）试点工作

①《国务院办公厅关于推广第二批支持创新相关改革举措的通知》. http://www.gov.cn/zhengce/content/2019-01/08/content_5355837.htm[2019-01-08].

② 中共中央办公厅 国务院办公厅印发《关于加强金融服务民营企业的若干意见》. http://www.gov.cn/zhengce/2019-02/14/content_5365818.htm[2019-02-14].

③《国务院办公厅转发国家发展改革委等部门关于创业投资引导基金规范设立与运作指导意见的通知》. http://www.gov.cn/gongbao/content/2008/content_1139420.htm[2008-10-18].

续表

序号	主要的科技金融政策	颁布部门	颁布时间	主要内容
4	《财政部国资委证监会社保基金会关于豁免国有创业投资机构和国有创业投资引导基金国有股转持义务有关问题的通知》	财政部、国务院国有资产监督管理委员会、证监会、社保基金会	2010年	为进一步提高国有资本从事创业投资的积极性，鼓励和引导国有创业投资机构加大对中早期项目的投资，促进我国创业投资事业的发展和科技创新目标的实现，经国务院批准，符合条件的国有创业投资机构和国有创业投资引导基金，投资于未上市中小企业形成的国有股，可申请豁免国有股转持义务
5	《新兴产业创投计划参股创业投资基金管理暂行办法》	财政部、国家发展改革委	2011年	加快新兴产业创业投资计划实施，加强资金管理
6	《中小企业发展专项资金管理暂行办法》	财政部、工业和信息化部、科技部、商务部	2014年	中央财政预算安排用于支持中小企业特别是小微企业科技创新、改善中小企业融资环境、完善中小企业服务体系、加强国际合作等方面的资金
7	《私募投资基金监督管理暂行办法》	证监会	2014年	基金业协会在基金管理人登记、基金备案、投资情况报告要求和会员管理等环节，对创业投资基金采取区别于其他私募基金的差异化行业自律，并提供差异化会员服务①
8	《国务院关于促进创业投资持续健康发展的若干意见》	国务院	2016年	完善法律、政策体系，营造良好的行业发展环境；鼓励多元主体参与、多渠道资金供给、多渠道退出促进创业投资发展

附表 3　政府引导基金相关政策法规

序号	法律和法规	颁布时间	内容
1	《创业投资企业管理暂行办法》	2005 年 11 月	国家与地方政府可以设立创业投资引导基金，通过参股和提供融资担保等方式扶持创业投资企业的设立与发展②
2	《国家中长期科学和技术发展规划纲要（2006—2020 年）》	2006 年 2 月	鼓励有关部门和地方政府设立创业风险投资引导基金，引导资金投资种子期和起步期创业企业③
3	《科技型中小企业创业投资引导基金管理暂行办法》	2007 年 7 月	利用阶段参股、跟进投资、风险补助和投资保障等方式，支持创业投资企业发展
4	《关于创业投资引导基金规范设立与运作的指导意见》	2008 年 10 月	促进创业投资引导基金的规范设立与运作，扶持创业投资企业发展

①《私募投资基金监督管理暂行办法》. http://www.gov.cn/gongbao/content/2014/content_2758502.htm [2014-08-21].

② 创业投资企业管理暂行办法. http://www.gov.cn/flfg/2005-11/15/content_99008.htm[2005-11-15].

③ 国务院关于印发实施《国家中长期科学和技术发展规划纲要（2006—2020 年）》若干配套政策的通知. http://www.gov.cn/zwgk/2006-02/26/content_211553.htm[2006-02-07].

续表

序号	法律和法规	颁布时间	内容
5	《境内证券市场转持部分国有股充实全国社会保障基金实施办法》	2009 年 6 月	股份有限公司首次公开发行股票并上市时，按实际发行股份数量的 10%，将上市公司部分国有股转由全国社会保障基金理事会持有
6	《关于豁免国有创业投资机构和国有创业投资引导基金国有股转持义务有关问题的通知》	2010 年 10 月	对符合条件的国有创业投资机构和引导基金，投资于未上市中小企业形成的国有股，可申请豁免转持义务
7	《科技型中小企业创业投资引导基金股权投资收入收缴暂行办法》	2010 年 12 月	收入上缴中央国库，纳入中央一般预算
8	《新兴产业创投计划参股创业投资基金管理暂行办法》	2011 年 8 月	提出中央财政参股基金集中投资于节能、环保、信息、生物医药、新能源、新材料等战略新兴产业
9	《关于促进股权投资企业规范发展的通知》	2011 年 11 月	核查最终自然人和法人机构是否为合格投资者
10	《国务院关于清理规范税收等优惠政策的通知》	2014 年 12 月	全面清理各地方针对企业的税收、财政补贴等相关税收优惠政策
11	《政府投资基金暂行管理办法》	2015 年 11 月	对政府投资金的设立、运作和风险控制、终止和退出、预算管理、资产管理以及监督管理进行了规范

附表 4　我国科技信贷及担保政策

序号	主要的科技金融政策	颁布部门	颁布时间	主要内容
1	《中国银行业监督管理委员会关于商业银行改善和加强对高新技术企业金融服务的指导意见》	银监会	2006年	营造支持和激励自主创新的金融环境，引导商业银行改善和加强对高新技术企业金融服务
2	《支持国家重大科技项目政策性金融政策实施细则》	银监会	2006年	营造激励自主创新的金融环境，鼓励和引导政策性银行等金融机构为国家重大科技项目提供金融服务，加强政策性金融对自主创新和产业化的支持力度
3	《国家开发银行 科学技术部关于对创新型试点企业进行重点融资支持的通知》	国家开发银行、科技部	2007年	共同推动创新型企业试点工作，通过开发性金融合作支持企业增强自主创新能力
4	《关于进一步加大对科技型中小企业信贷支持的指导意见》	银监会、科技部	2009年	加强科技资源和金融资源的结合，加大对科技型中小企业信贷支持，缓解科技型中小企业融资困难，促进科技产业的全面可持续发展①

① 银监会、科技部联合发布《关于进一步加大对科技型中小企业信贷支持的指导意见》. http://www.most.gov.cn/kjbgz/200905/t20090520_69819.htm[2009-05-21].

续表

序号	主要的科技金融政策	颁布部门	颁布时间	主要内容
5	《关于选聘科技专家参与科技型中小企业项目评审工作的指导意见》	银监会、科技部	2009年	科技部、银监会、中国银行业协会将共同构建科技专家推荐体系，为银行业金融机构的科技型中小企业贷款审批提供科学中立的专业性咨询意见。科技专家的推荐、选聘、管理遵循科技部推荐、银监会组织、中国银行业协会建档管理、商业银行自主选聘的基本模式①
6	《财政部 工业和信息化部 银监会 国家知识产权局 国家工商行政管理总局 国家版权局关于加强知识产权质押融资与评估管理支持中小企业发展的通知》	财政部、工业和信息化部、银监会、国家知识产权局、国家工商行政管理总局、国家版权局	2010年	推进知识产权质押融资工作，拓展中小企业融资渠道，完善知识产权质押评估管理体系，支持中小企业创新发展，②积极推动产业结构优化升级
7	《银监会关于支持商业银行进一步改进小企业金融服务的通知》	银监会	2011年	促进小企业金融业务可持续发展，支持商业银行进一步改进小企业金融服务
8	《中国银监会关于2015年小微企业金融服务工作的指导意见》	银监会	2015年	持续改进小微企业金融服务，促进经济提质增效升级
9	《关于支持银行业金融机构加大创新力度 开展科创企业投贷联动试点的指导意见》	银监会、科技部、中国人民银行	2016年	首次从国家层面开展投贷联动试点；确定第一批试点地区和试点银行业金融机构名单
10	《关于加强科技金融合作有关工作的通知》	科技部	2020年	双方将加强科技金融合作，支持科技成果转化和产业化，促进大众创业、万众创新。该通知从合作机制建立，科技企业、重大科技创新项目、科技园区金融服务，科技企业金融产品和服务创新，科技企业投融资技术评估，政策引导和联动等多方面进行了工作部署

①《关于选聘科技专家参与科技型中小企业项目评审工作的指导意见》. http://www.most.gov.cn/fggw/zfwj/zfwj2009/200908/t20090827_72481.htm[2009-06-28].

② 财政部 工业和信息化部 银监会 国家知识产权局 国家工商行政管理总局 国家版权局关于加强知识产权质押融资与评估管理支持中小企业发展的通知. http://www.gov.cn/zwgk/2010-09/01/content_1693449.htm[2010-09-01].

附表 5　我国资本市场相关政策

序号	主要的科技金融政策	颁布部门	颁布时间	主要内容
1	《首次公开发行股票并在创业板上市管理暂行办法》	证监会	2009 年	规范首次公开发行股票并在创业板上市的行为，促进自主创新企业及其他成长型创业企业的发展，保护投资者的合法权益，维护社会公共利益
2	《关于支持科技成果出资入股确认股权的指导意见》	证监会、科技部	2012 年	促进科技成果出资入股，建立资本市场推动企业科技创新的长效机制，支持实体经济发展和企业提高科技创新能力，进一步优化科技成果出资入股，依法确认股权的相关制度安排①
3	《非上市公众公司监督管理办法》	证监会	2013 年	规范非上市公众公司股票转让和发行行为，保护投资者合法权益，维护社会公共利益
4	《国务院关于全国中小企业股份转让系统有关问题的决定》	国务院	2013 年	充分发挥全国中小企业股份转让系统的功能，缓解中小微企业融资难问题
5	《中国证监会关于开展创新创业公司债券试点的指导意见》	证监会	2017 年	首次明确创新创业债属于公司债券的一个子类别，对进一步发挥交易所债券市场功能、支持创新创业企业融资、丰富和优化中小企业融资结构具有重要意义
6	《国务院办公厅转发证监会关于开展创新企业境内发行股票或存托凭证试点若干意见的通知》	国务院办公厅	2018 年	试点企业可根据相关规定和自身实际，选择申请发行股票或存托凭证上市。允许试点红筹企业按程序在境内资本市场发行存托凭证上市；具备股票发行上市条件的试点红筹企业可申请在境内发行股票上市；境内注册的试点企业可申请在境内发行股票上市②

附表 6　我国科技保险相关政策

序号	主要的科技金融政策	颁布部门	颁布时间	主要内容
1	《财政部关于进一步支持出口信用保险为高新技术企业提供服务的通知》	财政部	2006 年	加强出口信用保险对自主创新的支持，进一步促进出口信用保险为高新技术企业提供服务
2	《关于加强和改善对高新技术企业保险服务有关问题的通知》	保监会、科技部	2006 年	加强和改善对高新技术企业保险服务
3	《关于进一步发挥信用保险作用支持高新技术企业发展有关问题的通知》	科技部、中国出口信用保险公司	2007 年	进一步发挥出口信用保险作用，支持高新技术企业发展

① 关于支持科技成果出资入股确认股权的指导意见， http://www.most.gov.cn/tztg/201211/t20121119_98008.html [2012-11-19].

② 国务院办公厅转发证监会关于开展创新企业境内发行股票或存托凭证试点若干意见的通知. http://www.gov.cn/zhengce/content/2018-03/30/content_5278689.htm[2018-03-30].

续表

序号	主要的科技金融政策	颁布部门	颁布时间	主要内容
4	《关于进一步做好科技保险有关工作的通知》	保监会、科技部	2010年	进一步发挥科技保险的功能作用，支持国家自主创新战略的实施
5	《国务院关于加快发展现代保险服务业的若干意见》	国务院	2014年	研究制定保险资金投资创业投资基金相关政策
6	《中国保监会关于保险资金投资创业投资基金有关事项的通知》	保监会	2014年	规范保险资金投资创业投资基金行为，支持科技型企业、小微企业、战略性新兴产业发展，防范投资风险
7	《关于开展首台（套）重大技术装备保险补偿机制试点工作的通知》	财政部、工业和信息化部、保监会	2015年	推动重大技术装备创新应用，开展首台（套）重大技术装备保险补偿机制试点
8	《信用保证保险业务监管暂行办法》	保监会	2017年	是现阶段治理行业乱象、补齐制度短板、防范系统性风险的有效举措，也是提高行业风险管理水平的重要制度安排

附表 7　我国财税引导的主要政策突破点

序号	文件名称	发文机关	发文时间	政策突破点
1	《关于修订印发〈高新技术企业认定管理办法〉的通知》	科技部、财政部、国家税务总局	2016年1月	具有大学专科以上学历的科技人员占企业当年职工总数的30%以上，其中研发人员占企业当年职工总数的10%以上，改为企业从事研发和相关技术创新活动的科技人员占企业当年职工总数的比例不低于10%；取消近3年内获得知识产权的限制与5年以上独占许可获得知识产权的方式，并简化高企认定工作流程
2	《中央引导地方科技发展专项资金管理办法》	财政部、科技部	2016年5月	扩大了专项资金支持的范围，重点支持地方科研基础条件和能力建设、地方专业性技术创新平台、地方科技创新创业服务机构、地方科技创新项目示范四个方面
3	《关于做好国家新兴产业创业投资引导基金参股基金推荐工作的通知》	国家发展改革委办公厅、财政部办公厅	2016年6月	为加快推进国家新兴产业创业投资引导基金设立及运行工作，推荐一批国家新兴产业创业投资引导基金参股基金方案
4	《关于科技企业孵化器税收政策的通知》	财政部、国家税务总局	2016年8月	延长税收优惠期限
5	《国家重点研发计划资金管理办法》	财政部、科技部	2016年12月	改革后首次出台相关计划管理办法

续表

序号	文件名称	发文机关	发文时间	政策突破点
6	《政府出资产业投资基金管理暂行办法》	国家发展改革委	2017 年 1 月	优化政府投资方式，吸引社会资本投入政府支持领域和产业
7	《关于创业投资企业和天使投资个人有关税收试点政策的通知》[①]	财政部、国家税务总局	2017 年 4 月	通知从税收试点政策、相关政策条件、管理事项及管理要求、执行时间及试点地区四个方面做了具体说明；降低政策门槛，扩大税收优惠政策覆盖面，首次将个人投资者纳入税收优惠范围
8	《关于提高科技型中小企业研究开发费用税前加计扣除比例的通知》[②]办法分为总则、评价指标、信息填报与登记入库、附则四个部分	财政部、国家税务总局、科技部	2017 年 5 月	为进一步激励中小企业加大研发投入，支持科技创新，通知就提高科技型中小企业研究开发费用税前加计扣除比例有关问题做了规定；将科技型中小企业研发费用加计扣除比例由 50%提高至 75%
9	《关于印发〈科技型中小企业评价办法〉的通知》	科技部[③]、财政部、国家税务总局	2017 年 5 月	
10	《关于扩大小型微利企业所得税优惠政策范围的通知》	财政部、国家税务总局	2017 年 6 月	将小型微利企业的年应纳税所得额上限由 30 万元提高至 50 万元。对年应纳税所得额低于 50 万元（含 50 万元）的小型微利企业所得，其所得减按 50%计入应纳税所得额，按 20%的税率缴纳企业所得税[④]
11	《关于资管产品增值税有关问题的通知》	财政部、国家税务总局	2017 年 6 月	对资管产品在 2018 年 1 月 1 日前运营过程中发生的增值税应税行为，未缴纳增值税的，不再缴纳；已缴纳增值税的，已纳税额从资管产品管理人以后月份的增值税应纳税额中抵减[⑤]

① 关于创业投资企业和天使投资个人有关税收试点政策的通知. http://www.most.gov.cn/xxgk/xinxifenlei/fdzdgknr/fgzc/gfxwj/gfxwj2017/201705/t20170503_132604.html[2017-04-28].

② 财政部 税务总局 科技部 《关于提高科技型中小企业研究开发费用税前加计扣除比例的通知》. http://www.chinatax.gov.cn/n810341/n810755/c2597736/content.html[2017-05-02].

③ 科技部 财政部 国家税务总局关于印发《科技型中小企业评价办法》的通知. http://www.most.gov.cn/xxgk/xinxifenlei/fdzdgknr/fgzc/gfxwj/gfxwj2017/201705/t20170510_132709.html[2017-05-03].

④ 关于扩大小型微利企业所得税优惠政策范围的通知. http://www.mof.gov.cn/mofhome/he/lanmudaohang/zhengcefagui/201706/t20170608_2618211.html[2017-06-06].

⑤ 财政部 税务总局 关于资管产品增值税有关问题的通知. http://www.chinatax.gov.cn/n810341/n810755/c2692724/content.html[2017-06-30].

续表

序号	文件名称	发文机关	发文时间	政策突破点
12	《关于进一步做好企业研发费用加计扣除政策落实工作的通知》	科技部、财政部、国家税务总局	2017 年 7 月	为贯彻落实国务院关于“简政放权、放管结合、优化服务”要求，强化政策服务，降低纳税人风险，增强企业获得感，根据《关于完善研究开发费用税前加计扣除政策的通知》(财税〔2015〕119 号)的有关规定，引导企业规范研发项目管理和费用归集，确保政策落实、落细、落地
13	《关于将技术先进型服务企业所得税政策推广至全国实施的通知》①	财政部、国家税务总局、商务部、科技部、国家发展改革委	2017 年 11 月	自 2017 年 1 月 1 日起，在全国范围内实行以下企业所得税优惠政策：对经认定的技术先进型服务企业，减按 15%的税率征收企业所得税；经认定的技术先进型服务企业发生的职工教育经费支出，不超过工资薪金总额 8%的部分，准予在计算应纳税所得额时扣除；超过部分，准予在以后纳税年度结转扣除②
14	《关于企业职工教育经费税前扣除政策的通知》	财政部、国家税务总局	2018 年 5 月	为鼓励企业加大职工教育投入，现就企业发生的职工教育经费支出，不超过工资薪金总额 8%的部分，准予在计算企业所得税应纳税所得额时扣除；超过部分，准予在以后纳税年度结转扣除③
15	《关于设备 器具扣除有关企业所得税政策的通知》	财政部、国家税务总局	2018 年 5 月	企业在 2018 年 1 月 1 日至 2020 年 12 月 31 日期间新购进的设备、器具，单位价值不超过 500 万元的，允许一次性计入当期成本费用在计算应纳税所得额时扣除，不再分年度计算折旧；单位价值超过 500 万元的，仍按企业所得税法实施条例、《财政部 国家税务总局关于完善固定资产加速折旧企业所得税政策的通知》(财税〔2014〕75 号)、《财政部 国家税务总局关于进一步完善固定资产加速折旧企业所得税政策的通知》(财税〔2015〕106 号)等相关规定执行④
16	《关于创业投资企业和天使投资个人有关税收政策的通知》	财政部、国家税务总局	2018 年 5 月	为进一步支持创业投资发展，《财政部 税务总局关于创业投资企业和天使投资个人有关税收试点政策的通知》(财税〔2017〕38 号)自 2018 年 7 月 1 日起废止，符合试点政策条件的投资额可按本通知的规定继续抵扣⑤

① 五部门关于将技术先进型服务企业所得税政策推广至全国实施的通知. http://www.gov.cn/xinwen/2017-11/11/content_5238917.htm[2017-11-02].

② 五部门关于将技术先进型服务企业所得税政策推广至全国实施的通知. http://www.gov.cn/xinwen/2017-11/11/content_5238917.htm[2017-11-02].

③ 财政部 税务总局 关于企业职工教育经费税前扣除政策的通知. http://www.chinatax.gov.cn/n810341/n810755/c3439400/content.html[2018-05-07].

④ 财政部 税务总局 关于设备 器具扣除有关企业所得税政策的通知. http://www.chinatax.gov.cn/n810341/n810755/c3439412/content.html[2018-05-07].

⑤ 财政部 税务总局 关于创业投资企业和天使投资个人有关税收政策的通知. http://www.chinatax.gov.cn/n810341/n810755/c3453868/content.html[2018-05-14].

续表

序号	文件名称	发文机关	发文时间	政策突破点
17	《关于将服务贸易创新发展试点地区技术先进型服务企业所得税政策推广至全国实施的通知》	财政部、国家税务总局、商务部、科技部、国家发展改革委	2018 年 5 月	为进一步推动服务贸易创新发展、优化外贸结构，自 2018 年 1 月 1 日起，对经认定的技术先进型服务企业（服务贸易类），减按 15%的税率征收企业所得税①
18	《关于科技人员取得职务科技成果转化现金奖励有关个人所得税政策的通知》	财政部、国家税务总局、科技部	2018 年 5 月	依法批准设立的非营利性研究开发机构和高等学校，从职务科技成果转化收入中给予科技人员的现金奖励，可减按 50%计入科技人员当月“工资、薪金所得”，依法缴纳个人所得税②
19	《关于企业委托境外研究开发费用税前加计扣除有关政策问题的通知》	财政部、国家税务总局、科技部	2018 年 6 月	委托境外进行研发活动所发生的费用，按照费用实际发生额的 80%计入委托方的委托境外研发费用。委托境外研发费用不超过境内符合条件的研发费用 2/3 的部分，可以按规定在企业所得税前加计扣除③
20	《关于 2018 年退还部分行业增值税留抵税额有关税收政策的通知》	财政部、国家税务总局	2018 年 6 月	为助力经济高质量发展，2018 年对部分行业增值税期末留抵税额予以退还。纳税人向主管税务机关申请退还期末留抵税额，当期退还的期末留抵税额，以纳税人申请退税上期的期末留抵税额和退还比例计算，并以纳税人 2017 年底期末留抵税额为上限④
21	《关于延长高新技术企业和科技型中小企业亏损结转年限的通知》	财政部、国家税务总局	2018 年 7 月	为支持高新技术企业和科技型中小企业发展，高新技术企业和科技型中小企业亏损结转年限自 2018 年 1 月 1 日起，当年具备高新技术企业或科技型中小企业资格（以下统称资格）的企业，其具备资格年度之前 5 个年度发生的尚未弥补完的亏损，准予结转以后年度弥补，最长结转年限由 5 年延长至 10 年⑤

① 关于将服务贸易创新发展试点地区技术先进型服务企业所得税政策推广至全国实施的通知. http://szs.mof.gov.cn/zhengcefabu/201805/t20180528_2910281.htm[2018-05-29].

② 财政部 税务总局 科技部 关于科技人员取得职务科技成果转化现金奖励有关个人所得税政策的通知. http://www.chinatax.gov.cn/n810341/n810755/c3486562/content.html[2018-05-29].

③ 财政部 税务总局 科技部 关于企业委托境外研究开发费用税前加计扣除有关政策问题的通知. http://www.chinatax.gov.cn/n810341/n810755/c3544428/content.html[2018-06-25].

④ 财政部 税务总局 关于 2018 年退还部分行业增值税留抵税额有关税收政策的通知. http://www.chinatax.gov.cn/n810341/n810755/c3556358/content.html[2018-06-27].

⑤ 财政部 税务总局 关于延长高新技术企业和科技型中小企业亏损结转年限的通知. http://www.chinatax.gov.cn/n810341/n810755/c3578182/content.html[2018-07-11].

续表

序号	文件名称	发文机关	发文时间	政策突破点
22	《关于进一步扩大小型微利企业所得税优惠政策范围的通知》	财政部、国家税务总局	2018 年 7 月	为进一步支持小型微利企业发展，自 2018 年 1 月 1 日至 2020 年 12 月 31 日，将小型微利企业的年应纳税所得额上限由 50 万元提高至 100 万元，对年应纳税所得额低于 100 万元（含 100 万元）的小型微利企业，其所得减按 50%计入应纳税所得额，按 20%的税率缴纳企业所得税①
23	《关于科技人员取得职务科技成果转化现金奖励信息公示办法的通知》	科技部、财政部、国家税务总局	2018 年 7 月	明确了科技人员取得职务科技成果转化现金奖励信息公示有关要求
24	《关于金融机构小微企业贷款利息收入免征增值税政策的通知》	财政部、国家税务总局联合印发	2018 年 9 月	对金融机构向小型企业、微型企业和个体工商户发放小额贷款取得的利息收入，免征增值税②
25	《关于提高研究开发费用税前加计扣除比例的通知》	财政部、国家税务总局、科技部	2018 年 9 月	企业开展研发活动中实际发生的研发费用，未形成无形资产计入当期损益的，在按规定据实扣除的基础上，在 2018 年 1 月 1 日至 2020 年 12 月 31 日期间，再按照实际发生额的 75%在税前加计扣除；形成无形资产的，在上述期间按照无形资产成本的 175%在税前摊销③
26	《关于个人转让全国中小企业股份转让系统挂牌公司股票有关个人所得税政策的通知》	财政部、国家税务总局、证监会	2018 年 11 月	自 2018 年 11 月 1 日（含）起，对个人转让新三板挂牌公司非原始股取得的所得，暂免征收个人所得税；对个人转让新三板挂牌公司原始股取得的所得，按照“财产转让所得”，适用 20%的比例税率征收个人所得税；2019 年 9 月 1 日之前，个人转让新三板挂牌公司原始股的个人所得税，征收管理办法按照现行股权转让所得有关规定执行，以股票受让方为扣缴义务人，由被投资企业所在地税务机关负责征收管理。2018 年 11 月 1 日之前，个人转让新三板挂牌公司非原始股，尚未进行税收处理的，可比照本通知第一条规定执行，已经进行相关税收处理的，不再进行税收调整④

① 关于进一步扩大小型微利企业所得税优惠政策范围的通知. http://szs.mof.gov.cn/zhengcefabu/201807/t20180713_2960459.htm[2018-07-11].

② 财政部 税务总局 关于金融机构小微企业贷款利息收入免征增值税政策的通知. http://www.chinatax.gov.cn/n810341/n810755/c3721631/content.html[2018-09-05].

③ 财政部 税务总局 科技部 关于提高研究开发费用税前加计扣除比例的通知. http://www.chinatax.gov.cn/n810341/n810755/c3754895/content.html[2018-09-20].

④ 财政部 税务总局 证监会 关于个人转让全国中小企业股份转让系统挂牌公司股票有关个人所得税政策的通知. http://www.chinatax.gov.cn/n810341/n810755/c3937766/content.html?from=singlemessage[2018-11-30].

续表

序号	文件名称	发文机关	发文时间	政策突破点
27	《关于国家大学科技园税收政策的通知》	财政部、国家税务总局	2018 年 11 月	延长税收优惠期限
28	《关于创业投资企业个人合伙人所得税政策问题的通知》	财政部、国家税务总局、国家发展改革委、证监会	2019 年 1 月	创业投资企业可以选择按单一投资基金核算或者按创业投资企业年度所得整体核算两种方式之一，对其个人合伙人来源于创业投资企业的所得计算个人所得税应纳税额。选择按单一投资基金核算的，其个人合伙人从该基金应分得的股权转让所得和股息红利所得，按照 20%税率计算缴纳个人所得税；选择按年度所得整体核算的，其个人合伙人应从创业投资企业取得的所得，按照“经营所得”项目、5%-35%的超额累进税率计算缴纳个人所得税[①]

附表 8　我国科技金融代表性区域探索突破的政策（部分）

序号	文件名称	发文机关	发文时间	政策着力点
1	《关于支持企业提升竞争力的若干措施》	中国共产党深圳市委员会、深圳市人民政府	2016 年 3 月	加快推进供给侧结构性改革，创造新供给，引导新需求；着力化解企业经营压力，优化企业发展环境；发挥企业市场主体作用，弘扬企业家精神，促进资源要素高效配置，增强市场机制内生动力；加快简政放权转变职能，注重政府引导和政策支持
2	《加快推进产业科技创新中心和创新型省份建设若干政策措施重点任务分工》	江苏省政府办公厅	2016 年 9 月	明确分工提高政策措施执行力度
3	《湖南省科技成果转化贷款风险补偿管理暂行办法》	湖南省科学技术厅、湖南省财政厅	2016 年 10 月	明确湖南省要与国家形成协同、联动、互补效应，共同引导推动银行信贷支持湖南省科技成果转化
4	《成都市科技金融资助管理办法》	成都市科学技术局、成都市金融工作办公室、成都市财政局	2016 年 12 月	明确了成都市科技型企业在创新创业中产生的投融资成本给予补贴
5	《青岛市科技金融投保贷联动业务实施办法（暂行）》	青岛市科学技术局、青岛市财政局、中国人民银行青岛市中心支行	2016 年 12 月	安排市级专项资金，支持投保贷联动业务

① 财政部 税务总局 国家发展改革委 证监会 关于创业投资企业个人合伙人所得税政策问题的通知. http://www.chinatax.gov.cn/n810341/n810755/c4033860/content.html[2019-01-10].

续表

序号	文件名称	发文机关	发文时间	政策着力点
6	《关于发展普惠性科技金融的若干意见》	广东省科技厅	2017年1月	推进全省科技金融服务体系建设，发挥服务体系的专业服务和网络优势，建设科技型企业信用数据库；设立科技股权基金，鼓励各类金融机构独立、合作进行金融创新
7	《上海市科技创新计划专项资金管理办法》	上海市科学技术委员会、上海市财政局	2017年6月	地方专项资金明确支持基础前沿研究、科技创新支撑、科技人才与环境建设和技术创新引导等重要领域
8	《中关村国家自主创新示范区促进科技金融深度融合创新发展支持资金管理办法》	中关村科技园区管理委员会	2019年2月	结合新经济发展对新金融的需求，支持银行、担保等金融机构不断扩大信贷规模；增加了对北京四板市场挂牌企业的支持政策；支持银行、担保等金融机构不断扩大信贷规模等

附表 9　我国代表性区域对科创板的扶持政策

序号	地区	主要补贴政策条款	文件
1	南京	对成功在科创板上市的企业，一次性给予300万元资助	《关于建设创新名城若干政策措施的实施细则汇编》
2	合肥	对获得上市申请受理函的企业给予300万元一次性奖补，对在上海证券交易所科创板首发上市的企业再给予200万元一次性奖补	《关于大力支持民营经济高质量发展的若干政策》
3	济南	对在上海证券交易所科创板上市挂牌的企业，一次性补助600万元	《济南市加快现代金融产业发展若干扶持政策》
4	郑州	对于在沪深交易所主板（中小企业板）、科创板、创业板上市以及在境外交易所上市的企业，给予500万元奖补①	《关于促进民营经济健康发展的若干意见》
5	无锡	企业在科创板上市，分阶段累计给予300万元的奖励	《关于进一步鼓励和支持企业上市（挂牌）的若干意见》
6	云南	对于在上海证券交易所和深圳证券交易所主板、中小企业板、创业板上市的企业，省财政给予1600万元奖励，奖励按前置原则，分阶段拨付，其中，对完成股份制改造且已与证券机构签署有关协议的，奖励300万元；进入上市辅导备案期奖励700万元；申请材料被证监会受理奖励600万元。对于在上海证券交易所科创板上市的企业，参照主板、中小企业板、创业板上市企业给予奖励②	《云南省推进企业上市倍增三年行动方案（2019—2021年）》

① 郑州出台《关于促进民营经济健康发展的若干意见》. http://fgw.zhengzhou.gov.cn/work/742759.jhtml [2018-12-27].

② 云南省人民政府办公厅关于印发云南省推进企业上市倍增三年行动方案（2019—2021 年）的通知. http://www.yn.gov.cn/zwgk/zcwj/zxwj/201911/t20191101_183964.html[2019-01-21].

附表 10　我国代表性区域若干重要政策要点

序号	地区	部分重要政策要点	文件
1	北京市	动态筛选符合产业定位、主营业务突出、竞争能力较强、盈利水平较高、具有发展潜力的企业，充实上市后备企业资源库；对在境内主板、中小企业板、创业板首发上市的企业分阶段给予补贴；在办公用房、人才引进等方面给予支持；设立北京企业上市发展基金，提高企业对接多层次资本市场和资源整合的能力	《关于进一步支持企业上市发展的意见》
2	上海市	进一步完善有关企业培育、工商登记、外资并购、财政扶持等支持政策措施，依托本市区域性股权交易市场，提升扶持中小微企业政策措施的市场化运用水平；各区政府要结合实际情况，继续加大对辖区企业挂牌区域性股权交易市场的鼓励引导支持力度	《关于推进本市区域性股权市场规范健康发展的若干意见》
3	天津市	对企业股份制改造、挂牌交易和上市发行股票进行财政补助；减免企业在改制重组及上市过程的相关税费；专项资金优先支持符合条件的上市后备企业；加大对上市后备企业金融扶持力度；优先安排上市后备企业项目建设用地；妥善解决企业改制上市过程中涉及的历史遗留问题；提升中介机构服务水平，为企业上市挂牌做好服务；充分发挥市区两级企业上市工作领导小组和上市办工作机制作用，加大企业上市工作推动力度	《关于支持我市企业上市融资加快发展有关政策》
4	广州市	对在境内外证券市场新上市的企业及从外地迁入的上市公司，给予300万元的一次性补贴。对进入全国中小企业股份转让系统挂牌交易的企业及从外地迁入的全国中小企业股份转让系统挂牌的创新层企业，给予100万元的一次性补贴①	《关于支持广州区域金融中心建设的若干规定》
5	浙江省	积极落实已有的优惠政策措施，及时完善并出台上市激励政策，优化拟上市企业结构；加大募投项目落地服务力度，协调解决募投项目落地过程中的企业募投项目本地投资有关政策；推动上市公司开展以高端技术、高端人才和高端品牌为重点的跨境并购；支持上市公司开展着眼于国内传统制造业和服务业优质资源的并购重组	《浙江省推进企业上市和并购重组"凤凰行动"计划》
6	杭州市	企业改制设立股份公司过程中，对符合税法规定的资本公积转增个人股本的，不征收个人所得税；中小高新技术企业以未分配利润、盈余公积、资本公积向个人股东转增股本，个人股东一次缴纳个人所得税确有困难的，可根据实际情况自行制定分期缴税计划。对个人取得符合条件的非上市公司股权激励所得，实行个人所得税递延纳税政策；对个人取得符合条件的上市公司股权激励所得，适当延长纳税期限②	《杭州市人民政府关于全面落实"凤凰行动"计划的实施意见》

① 广州市人民政府关于印发支持广州区域金融中心建设若干规定的通知. http://www.gz.gov.cn/gfxwj/szfgfxwj/gzsrmzf/content/post_5444832.html[2019-01-14].

② 杭州市人民政府关于全面落实"凤凰行动"计划的实施意见. http://www.hangzhou.gov.cn/art/2018/4/19/art_1229063381_460901.html[2018-04-19].

续表

序号	地区	部分重要政策要点	文件
7	苏州高新区	改制设立股份有限公司，未分配利润、盈余公积金转增股本因缴纳所得税数额较大的，缓征个人所得税；个人股东因用未分配利润、盈余公积金转增股本缴纳的个人所得税形成的纳税支出，上市后区级留存部分的100%给予企业奖励；涉及的工商登记变更、房地产过户、资产转让等事项形成纳税支出，上市后区级留存部分的100%给予企业奖励；因股份制改造和上市规范要求，需通过新设股份有限公司作为上市主体的，在其对资产进行并购重组的过程中，其存量资产转让过户形成的纳税支出，[①]上市后区级留存部分的100%给予企业奖励；改制设立股份有限公司时，按照国家有关上市规定，对此前年度的财务指标进行调整而增加的纳税支出，经批准后区级留存部分的100%给予奖励；优先满足用地需求。对符合国家产业发展政策并将使用上市募集资金投资的项目，优先安排用地指标；优先申报“高企高品”。对于我区的上市公司股东在资本市场减持股份形成的地方贡献，按区级留存部分给予一定金额奖励；培育我区的“独角兽”企业，具体政策按照一事一议原则给予奖励	《苏州高新区〈关于鼓励企业上市的若干意见〉的实施意见》
8	云南省	重点保障企业首发上市募集资金的投资鼓励类的项目用地需求；加大对上市后备企业特别是“金种子”企业的信贷支持力度，合理确定利率水平和贷款期限；采取“一企一策”“一事一议”等办法，妥善解决“金种子”企业上市过程中的历史遗留问题；实行企业上市“绿色通道”，急事快办，特事特办；对于“金种子”企业，组建工作专班，建立“一对一”联系机制；成立推进企业上市倍增三年行动工作领导小组，高位统筹推进全省企业上市工作[②]	《云南省推进企业上市倍增三年行动方案（2019—2021年）》

① 苏州高新区《关于鼓励企业上市的若干意见》的实施意见. http://www.snd.gov.cn/hqqrmzf/c108319/200804/4765c22cfb51472fb5d136823ae5d2af.shtml[2018-06-12].

② 云南省人民政府办公厅关于印发《云南省推进企业上市倍增三年行动方案（2019—2021年）》的通知. http://yndrc.yn.gov.cn/jcb/37511[2019-01-21].